每方折
地百里
贡山川名
今州郡名
今山水地名。
曰七年四月刻石

注：左图为刻石地图《禹迹图》
（约 1136），这是现存最早使用"计
里画方"法绘制的古地图，额注
文字为："《禹迹图》，每方折地
百里，《禹贡》山川名，古今州郡
名，古今山水地名，阜昌七年四
月刻石。"

长城砖

本书为"古文字与中华文明传承发展工程"的研究成果

The Lame Empire
A Cultural History of Transport in Traditional China

跛足帝国

中国传统交通文化研究

王子今———著

天津出版传媒集团

天津人民出版社

图书在版编目（CIP）数据

跛足帝国：中国传统交通文化研究/王子今著.
天津：天津人民出版社，2025.7（2025.9重印）. -- （长城砖）.
ISBN 978-7-201-21232-6

Ⅰ. F512.9

中国国家版本馆CIP数据核字第2025F5D036号

跛足帝国：中国传统交通文化研究

BOZU DIGUO : ZHONGGUO CHUANTONG JIAOTONG WENHUA YANJIU

出　　版　天津人民出版社
出 版 人　刘锦泉
地　　址　天津市和平区西康路35号康岳大厦
邮政编码　300051
邮购电话　（022）23332469
电子信箱　reader@tjrmcbs.com

总 策 划　沈海涛
策　　划　金晓芸　燕文青
责任编辑　郭聪颖
装帧设计　图文游击工作室
　　　　　汤　磊

印　　刷　河北鹏润印刷有限公司
经　　销　新华书店
开　　本　880毫米×1230毫米　1/32
印　　张　10
字　　数　220千字
版次印次　2025年7月第1版　2025年9月第2次印刷
定　　价　78.00元
审 图 号　GS（2025）3166号

目　录

序章

交通形态与
文化进程

达尔文在《人类的由来》一书中，曾经论述行走方式的变化在人类进化历程中的重要意义，他指出："只有人，才变为真正地用两足来行走。"他还写道：

　　　　当灵长类这一大系列的动物的某个古老的成员，由于觅取生活资料的方式有了改变，或由于环境条件有了某种变动，变得不那么离不开树的同时，它原有而久已习惯了的行走的方式也就不免发生变化。而这些变化的方向不外两个，一是变得更为严格地四足行走，二是更稳定在两足行走的方式之上。

最初能够"直立而用双脚行走"的，是"构造得或生长得最完善的一些个人"，"也就是最成功的一些人"。

　　人，"是地球上自有生物以来所曾出现的最占优势的动物"，表现出"高于一切的优越性"。直立行走，构成人类"最为显著的特征之一"。正因为直立行走，人才能够"敏捷灵巧，动止自如"地运用他的双手，"所以能在世界上达成他今天的主宰一切的地位"。①这一地位，按照中国古代文献的说法，就是"天地之性，人为贵"，"天地之所生，唯人最贵也"。②

看来，行走方式的这种改变，可以理解为人类文化起源的决定性因素之一。

早在人类历史的初年，远古先民们为了在艰难的环境中求得生存和发展，往往不得不披荆斩棘，跋山涉水，辗转迁徙。在开始经营农耕养殖之后，依然"披山通道，未尝宁居"③。人类最初与自然条件的艰苦奋争，就包括和种种交通险阻的苦斗。当时简陋的交通工具和粗拙的交通方式，是人类最初的富有开创意义的成就之一。早期的道路、津渡和航线，形成了人类文明在我们这个星球上刻印的最原始的痕迹。

中国著名的远古传说中有"夸父追日"的故事。《山海经·海外北经》：

> 夸父与日逐走，入日。渴，欲得饮，饮于河、渭；河、渭不足，北饮大泽。未至，道渴而死。弃其杖，化为邓林。④

---

① 参见〔英〕达尔文：《人类的由来》上册，潘光旦等译，商务印书馆1997年版，第68、64、69页。
② 参见《孝经·圣治章》引"子曰"及邢昺注疏，〔清〕阮元校刻：《十三经注疏》，中华书局据原世界书局版缩印本1980年版，第2553页。
③《史记·五帝本纪》记黄帝事迹。
④ 又见《山海经·大荒北经》及《列子·汤问》。

夸父神话，或许起源于原始部族历尽艰辛的迁徙生活。另一则人们所熟悉的"愚公移山"的故事，也生动地将人类早期开拓交通事业的业绩神化，从而保持着长久的生命力和强烈的感染力：

> 太形、王屋二山，方七百里，高万仞，本在冀州之南，河阳之北。北山愚公者，年且九十，面山而居。惩山北之塞，出入之迂也，聚室而谋，曰："吾与汝毕力平险，指通豫南，达于汉阴，可乎？"杂然相许。其妻献疑曰："以君之力，曾不能损魁父之丘，如太形、王屋何？且焉置土石？"杂曰："投诸渤海之尾，隐土之北。"遂率子孙荷担者三夫，叩石垦壤，箕畚运于渤海之尾。邻人京城氏之孀妻，有遗男，始龀，跳往助之。寒暑易节，始一反焉。
>
> 河曲智叟笑而止之，曰："甚矣汝之不惠！以残年余力，曾不能毁山之一毛，其如土石何？"北山愚公长息曰："汝心之固，固不可彻，曾不若孀妻弱子。虽我之死，有子存焉。子又生孙，孙又生子，子又有子，子又有孙：子子孙孙，无穷匮也；而山不加增，何苦而不平？"河曲智叟亡以应。
>
> 操蛇之神闻之，惧其不已也。告之于帝。帝感其诚，命夸蛾氏二子负二山，一厝朔东，一厝雍南。自此，冀之南、汉之阴无陇断焉。①

---

① 《列子·汤问》。

"愚公移山"的故事，体现了人们对于山岭阻塞，"出入之迁"的不满，以及要求平除"陇断"，通达四方的愿望。"河曲智叟"对于"北山愚公""以残年余力"而移山的做法表示怀疑，但是其实并不反对这种有利于交通的事业。我们应当看到，愚公等人"毕力平险"，是要创造交通建设的奇迹，而他们"荷担"往来，"叩石垦壤，箕畚运于渤海之尾"的行为，其实本身也是一种交通活动。

在漫长的数以万年计的人类社会发展历程中，交通的进步，总是同生产力的发展、文化的演进呈现出大致同步的趋势。

在探索史前文化的面貌时，我们可以发现，时代越是久远，则当时活动在不同地域的人类群体间的文化差异也越为明显。甚至在空间位置相距不远的人类居住遗址中，考古发掘得到的同时代的出土物，也表现出鲜明的各自相异的特点。只是由于交通的发展，才逐渐表现出越来越突出的文化共同性，于是导致保持共同文化特点的部族、部族联盟乃至民族的形成。

进入文明时代之后，交通系统的完备程度决定着古代国家的领土规模、防御能力和行政效能。交通系统的建立和健全，是统一国家维持生存的首要条件。交通的发达程度又规定着社会生产的发展水平。产品的流通不能离开交通的作用，而生产技术的革新、生产工具的发明及生产组织管理方式的进步，通过交通条件又可以成千上万倍地扩大影响，收取效益，从而推动整个社会的前进。相反，在相互隔绝的情况下，

每一种发明往往必须重新开始。历史上甚至多有相当发达的
生产力和一度极灿烂的文明，由于与其他地区交通阻断，以
致终于衰落毁灭的事例。马克思和恩格斯在《德意志意识形
态》中指出：

　　某一个地域创造出来的生产力，特别是发明，在往后
的发展中是否会失传，完全取决于交往扩展的情况。当交
往只限于毗邻地区的时候，每一种发明在每一个地域都必
须单独进行；一些纯粹偶然的事件，例如蛮族的入侵，甚
至是通常的战争，都足以使一个具有发达生产力和有高度
需求的国家陷入一切都必须从头开始的境地。在历史发展
的最初阶段，每天都在重新发明，而且每个地域都是独立
进行的。发达的生产力，即使在通商相当广泛的情况下，
也难免遭到彻底的毁灭。关于这一点，腓尼基人的例子就
可以说明。由于这个民族被排挤于商业之外，由于他们被
亚历山大征服以及继之而来的衰落，他们的大部分发明都
长期失传了。再如中世纪的玻璃绘画术也有同样的遭遇。
只有当交往成为世界交往并且以大工业为基础的时候，只
有当一切民族都卷入竞争斗争的时候，保存已创造出来的
生产力才有了保障。①

---

① 《德意志意识形态》，《马克思恩格斯选集》第一卷，人民出版社 2012 年
版，第 187—188 页。

马克思和恩格斯还指出，创造出空前的生产力的资本主义文明，其最初的发展也是与"商人所促成的同近郊以外地区的通商的扩大"及"最初的地域局限性开始逐渐消失"相联系的。正是"商业的扩大和交通道路的开辟"，提供了资本主义兴起的条件。

从社会史、文化史的角度来看，交通网的密度及其通行效率，还规定了文化圈的范围和规模。甚至交通活动的速度，也影响着社会生产与生活的节奏。

德国数学物理学家克劳修斯（Clausius，1822—1888）是热力学第二定律的奠基人。他提出，在一个封闭系统里，能量水准的差异总是趋向于零。热量总是从温度较高的物体流向温度较低的物体的。这种最终实现的没有任何能量级别差异的状态叫作能量平均状态。我们在讨论文化问题时也可以发现，在人类社会生活中也存在着类似的情形。先进的文化总是像灿灿红日一样向四周辐射着它的光和热，而后进的文化则总是汲汲若渴地迎向这光辉。这就是交通活动的主要动力之一。尽管在文化交往中偶见反向传布的特例，但总的趋势，是较先进的文化逐渐影响、融并较落后的文化。人类社会发展历程中能够因不同文化系统间的相互影响而实现历史性的进步，交通的发展显然也是基本条件之一。

交通活动本身是一种重要的文化现象，同时，它又对社会文化的全貌产生着影响。文化史的不同阶段，各有相应的交通史的背景。我们在进行不同文化系统间的比较时，也注

意到，文化的水准和交通的效能，也有大致对应的关系。先
进的文化必然具备先进的交通形式。马克思和恩格斯曾经明
确地指出：

> 各民族之间的相互关系取决于每一个民族的生产力、
> 分工和内部交往的发展程度。这个原理是公认的。然而不
> 仅一个民族与其他民族的关系，而且这个民族本身的整个
> 内部结构也取决于自己的生产以及自己内部和外部的交往
> 的发展程度。①

生产非常重要。"而生产本身又是以个人彼此之间的交往
（Verkehr）为前提的。"②对马克思和恩格斯《德意志意识形
态》所谓"交往"的语义，《马克思恩格斯选集》2012 年版的
注释有这样的说明：

> "交往"（Verkehr）这个术语在《德意志意识形态》中
> 含义很广。它包括单个人、社会团体以及国家之间的物质
> 交往和精神交往。马克思和恩格斯在这部著作中指出：物
> 质交往，首先是人们在生产过程中的交往，这是任何其他

---

① 《德意志意识形态》，《马克思恩格斯选集》第一卷，人民出版社 2012 年
版，第 147 页。
② 《德意志意识形态》，《马克思恩格斯选集》第一卷，人民出版社 2012 年
版，第 147 页。

交往的基础。《德意志意识形态》中所用的"交往形式"、
"交往方式"、"交往关系"、"生产关系和交往关系"这些
术语，表达了马克思和恩格斯在这个时期形成的生产关
系概念。①

其实，马克思和恩格斯在《德意志意识形态》中所论"交
往"，可能并非"生产关系概念"一语能够概括。他们在这里
所说的"交往"，在很大程度上或许可以认定与人们通常所谓
"交通"近义。有交通学理论及交通经济学理论研究者曾经指
出，"交通这个术语，从最广义的解释说来，是指人类互相间
关系的全部而言"②。此所谓"人类互相间关系的全部"，正
近似马克思和恩格斯在《德意志意识形态》中所说的"交
往"。"交往"，又译"交通"。例如，郭沫若译《德意志意识
形态》就使用了这样的译文。③

　　显然，交通状况仅次于生产，对于社会文化表现出不可
忽视的规定性的影响。

　　公元前237年，秦王政，也就是后来完成统一大业的秦
始皇，因为刚刚平定吕不韦之乱，余怒未消，下令将外国策

―――――――――――

① 《德意志意识形态》，《马克思恩格斯选集》第一卷，人民出版社2012年
版，第888页。
② 〔德〕鲍尔格蒂：《交通论》，转引自余松筠编著：《交通经济学》，商务印书
馆1936年版，第3—4页。
③ 参见〔德〕马克思、〔德〕恩格斯：《德意志意识形态》（郭沫若译文集之
五），郭沫若译，群益出版社1947年版，第81、122—123页。

士一律驱逐出境。也在驱逐之列的外籍顾问李斯上书陈述
自己的意见，这就是流传千古的散文名篇《谏逐客书》。其
中除了回顾秦国前代君王四方罗致人才，才得以建立功业的
历史而外，还说到在当时的交通条件下各地名物流入秦国的
情形：

> 今陛下致昆山之玉，有随和之宝，垂明月之珠，服太
> 阿之剑，乘纤离之马，建翠凤之旗，树灵鼍之鼓。此数宝
> 者，秦不生一焉，而陛下说之，何也？必秦国之所生然后
> 可，则是夜光之璧，不饰朝廷；犀象之器，不为玩好；郑
> 卫之女，不充后宫；而骏良駃騠，不实外厩；江南金锡不
> 为用；西蜀丹青不为采。所以饰后宫，充下陈，娱心意，
> 说耳目者，必出于秦然后可，则是宛珠之簪、傅玑之珥、
> 阿缟之衣、锦绣之饰不进于前；而随俗雅化、佳冶窈窕，
> 赵女不立于侧也。夫击瓮叩缶，弹筝搏髀，而歌呼呜呜快
> 耳目者，真秦之声也。郑、卫、桑间、韶、虞、武、象者，
> 异国之乐也。今弃击瓮叩缶而就郑、卫，退弹筝而取韶、
> 虞，若是者何也？快意当前，适观而已矣。

珠玉珍奇、宝马锦绣、美女嘉乐，秦王都不远万里，四方搜
求，不遗余力，收致自己身边。异国远方的宝物得以充实秦
王的消费生活，使“娱心意，说耳目”，当然是通过交通过程
而实现的。其中“宛珠”“阿缟”显示，因市场流通的作用，

高质量商品的地方品牌已经出现。①

在《诗经》中，有一组题为《秦风》的作品，其中可以频繁看到反映秦人喜好车马出行的诗句，例如，《车邻》诗中写道："有车邻邻，有马白颠。"《驷驖》一诗也有这样的名句："驷驖孔阜，六辔在手。""游于北园，四马既闲。"这些诗句，体现出秦人健勇豪迈的文化风格，也反映了他们对交通工具——车马的喜好。汉人就曾说，秦人"有车马之好"。

早期秦文化的创造是和游徙生活相联系的，传说中秦先祖的事迹多以致力于交通而著称于世。据说费昌曾经为商汤驾车，孟戏和中衍曾经为帝太戊驾车，而曾经服务于殷纣王的"蜚廉善走"。此后，造父更是交通史上的著名人物，据说以"善御"受到周穆王的信用，曾经西行至于西王母之邦，驱车行进的速度，可以"一日千里"。后来居于犬丘的非子，又以"好马及畜，善养息之"的畜牧专家的身份，为周孝王在汧河与渭河之间驯养马匹。②

《华阳国志·蜀志》记述蜀地风习，曾经说到当地工商业者往往"结驷连骑"的情形，女子出嫁，往往陪送的车辆竟然多达百辆。同时指出，"原其由来，染秦化故也"。认为这种讲究车骑队列规模的习尚的形成，是受到占领蜀地的秦人风习的影响。

---

① 参见王子今：《宛珠·齐纨·穰橙邓橘：战国秦汉商品地方品牌的经济史考察》，《中国经济史研究》2019年第3期。
② 参见《史记·秦本纪》。

秦晋之间黄河水面架设的第一座临时的浮桥，是春秋时期秦人设计修建的。第一座常设的黄河浮桥，也是秦国工匠于秦昭襄王五十年（前257）所建造。

秦国交通发展达到较先进的程度，还可以从车辆制作技术的进步得到体现。

我国早期车辆都是单辕车。单辕车需要系驾二头或四头牲畜，而后来出现的双辕车则可以系驾一头牲畜。我国发现的最早的双辕车的模型，出土于陕西凤翔战国初期秦墓，这也是世界最早的标志双辕车产生的实物资料。双辕车的出现，体现了交通工具史上的重大进步。

除了发明双辕车这种先进车型外，秦人所使用的运输车辆数量之多，也是惊人的。

秦景公三十六年（前541），秦后子鍼前往晋国，随从车辆竟然有"千乘"之多。[1]秦昭襄王三十六年（前271），穰侯被免除丞相的职务，被迫出关前往自己的封邑时，据说也是"辎车千乘有余"[2]

《左传·僖公十三年》记述，这一年由于晋国遭受严重的灾害，秦国调集粟米援运，运输过程从秦都雍城到晋都绛城，舟车相继，而以渭河转行黄河、再折入汾河的水运为主，历史上称作"泛舟之役"。

---

① 参见《左传·昭公元年》。
② 《史记·穰侯列传》。

在"泛舟之役"之外，秦国历史上另一次大规模的粮运，是《史记·秦本纪》记载的秦昭襄王十二年（前295）"予楚粟五万石"。按照汉代运粮车辆的通常载重定额每车25石计算，运送5万石粮食需要组织的车队，规模应当超过2000辆运车。

秦国军队善于"远攻"[1]，很早就创造了"径数国千里而袭人"[2]，动员大军团长距离远征的历史纪录。在秦翦灭六国、实现统一的战争中，常年调动数以十万计的大军南征北战，此举必须凭借强大的运输力量以保障后勤供给。以秦灭楚的战争为例，秦军出兵60万，以秦汉时期的通例核计，每天士卒食用口粮就多达6万石左右，如果无法从当地征集，以每车装载25石计，就需要2000多辆车转运，如果运程超过4天，那么每天都需要有1万辆以上的辎重车队来往运送军粮。而楚地的战事持续超过"岁余"[3]，可以想见秦国的交通运输能力经受了何等严峻的考验。

秦国交通的发展，有利于秦人全方位地接受和吸取其他地区文化的积极因素，使秦文化具有较为开放和富有进取性的特点。在交通建设方面的优势，也是秦国能够顺应历史的大趋势，连年乘胜东进，在秦始皇一代终于完成统一大业的重要基础之一。

---

[1]《史记·范雎蔡泽列传》。
[2]《史记·秦本纪》。
[3]《史记·白起王翦列传》。

美国人类学家林顿（Linton，1893—1953）在《人类研究》一书中通过一个美国普通男子一天最初几个小时的活动，揭示出交通对于整个社会文化的深远作用：

醒了过来。他躺着的这张床的式样起源于近东，但在传入美洲之前在北欧已有所改变。他掀开被子，它可能是用印度首先栽培的棉花制成的，或者是由近东首先栽培的亚麻制成的，也可能是由中国首先发现其用途的丝绸制成的。所有这些材料都是用在近东发明的方法纺织而成的……

他脱下印度发明的睡衣，用古代高卢人发明的肥皂洗干净。然后刮胡子，这种近乎受虐狂的仪式，似乎是在苏美尔或古埃及产生的。

在出去吃早饭之前，他透过窗子向外看了看。窗子是用埃及发明的玻璃镶制成的。如果天正在下雨，他要穿上用中美洲印第安人发现的橡胶做成的雨鞋，并带上在东南亚发明的雨伞……

在去吃早饭的路上他停了下来，买了一张报纸，是用古代吕底亚人发明的硬币付的款……他吃饭的菜盘子，是用中国发明的制瓷术制成的。他的刀是钢的，这是印度南部发明的一种合金，叉是中世纪意大利的发明，汤匙是罗马的发明……在吃完水果（吃的是美洲西瓜）和喝了第一道咖啡（一种阿比西尼亚植物）之后……他可能会吃在印度支那驯养的一种鸟的蛋①，或者吃小片小片的东亚驯养的一种动物②的肉，这种肉又是用北欧创造的方法腌熏过……

他一边抽烟（美洲印第安人的一种习俗）一边读着当天的新闻，新闻是用德国发明的方法把古代闪米特人发明的符号印刷在中国发明的材料上的。如果他是一位非常保守的市民的话，那么，当他被外国动乱的报道所吸引的时候，会为自己是个纯粹的美国人而用印欧语言来感谢一位希伯来神。

文化的历史、文明的历史，从某种意义上也可以说是交通不断进步的历史。文化本身，从某种角度观察，其实也可以看作人类长期相互交往的行迹所织成的绚丽的锦缎。

《人类研究》是林顿教授1936年的著作。今天，文明世界已经能够借助空前先进的交通条件，以更惊人的程度集中享用着全人类创造的精神财富和物质财富，同时，把自己在这一基础上的新的创造迅速奉献给全人类。交通形式的进步，使得他们的足迹已经留在中国神话中天仙居住的月球之上，并进而向更遥远的天际进发。

然而，我们看到，在同一时代，在各大洲的丛林大漠、野山孤岛之间，还散居着一些所谓"当代原始部落"。他们依然过着以采集、狩猎为主的原始生活。他们使用简单的原始

---

① 即鸡蛋。
② 指猪。

工具，生产方式还停留在石器时代。有的部落仍然盛行野蛮的猎取人头和食用人肉的原始习俗。考察者们发现，形成这种原始文化的活着的"社会化石"的共同的决定性的原因，是在极其落后的交通条件下的所谓"长期与世隔绝"。

　　在菲律宾棉兰老岛浓密的热带雨林中过着以采集为主的原始生活的塔桑代人，在20世纪60年代末70年代初被发现时仅剩24人，考察者称之为"石器时代的穴居人"。他们的交通方式十分奇特，行走时"且走且跃"，"并不循路而行"，"时而掠过横倒在地上的树干，时而攀着藤条溜下笔直的峭壁"。塔桑代人说："我们崇拜一种鸟，每当听到它的叫声，我们就知道这是在警告我们不得外出。要是我们听到这种叫声还要出去的话，就会死亡。"[1]新几内亚的阿斯玛特人对舶来品的崇拜，鲜明地体现了原始社会与现代文明社会不同交通文化之间的强烈反差。这种崇拜来源于第二次世界大战时军用物资的浪费。这些生活在原始时代的人们惊奇地看着从轮船和飞机上卸下大量的食品、衣物和武器。于是，他们"在丛林中开出一块简陋的降落场地，等待着带有礼物的大鸟降临。他们以为这些白种人是专门送东西来的"，甚至在降落场地上，"还架起了无线电天线的复制品。真正的机场上有这种东西，所以这里也理所当然要有"。[2]

---

① 〔美〕K. 麦克利什：《塔桑代人——棉兰老岛石器时代的穴居人》，《民族地理》第142卷第2期（1972年8月）。
② 参见〔美〕M. S. 克尔克：《新几内亚的阿斯玛特人——当今的猎头者》，《民族地理》第141卷第3期（1972年3月）。

掌握航天技术的民族占据着现代文明的制高点，而徒步跋涉在丛林沼泽、驾驶着独木舟穿行于河海之间的人们，却依然在蒙昧的深谷中徘徊。这似乎给我们以一种启示，交通状况同文化进程之间存在着某种必然的联系，交通状况在一定意义上规定着文化的特质。

正是从这一认识出发，我们认为，对中国古代交通的考察，或许有助于发现中国传统文化的若干基本特点及其历史渊源。

第一章

山重水复

地理条件对交通的限制

茫茫大碛吁可嗟，暮春积雪草未芽。

明月如霜照白骨，恶风卷地吹黄沙。

驼鸣喜见泉脉出，雁起低傍寒云斜。

穷荒万里无斥堠，天地自古分夷华。

青毡红锦双奚车，上有胡姬抱琵琶。

犯边杀汝不遗种，千年万年朝汉家。

〔宋〕陆游：《塞上曲》

Ⅰ 地崩山摧壮士死

唐代诗人李白著名的长篇诗歌《蜀道难》，描述了川陕交通的艰险：

> 噫吁嚱，危乎高哉！蜀道之难，难于上青天。蚕丛及鱼凫，开国何茫然。尔来四万八千岁，不与秦塞通人烟。西当太白有鸟道，可以横绝峨眉巅。地崩山摧壮士死，然后天梯石栈相钩连。上有六龙回日之高标，下有冲波逆折之回川。黄鹤之飞尚不得过，猿猱欲度愁攀援。……连峰去天不盈尺，枯松倒挂倚绝壁。飞湍瀑流争喧豗，砯崖转石万壑雷。其险也若此，嗟尔远道之人胡为乎来哉！……

文学史论者多强调诗人浪漫夸张的手法和丰富的想象力。然而，如果对秦岭巴山的古栈道做过实地调查就可以知道，全诗的基本风格是写实的。

中国是一个多山的国家，山地和高原占有极广阔的面积。如果以高度计算，海拔500米以上的地区占全国总面积的72.44%，海拔500米以下的只占27.56%。海拔超过5000米的极高山，占全国总面积的8.28%，这里有永久积雪覆盖，并有现代冰川发育；海拔在3500—5000米间的高山，虽然没有永久积雪和冰川，但冻裂风化作用明显，并有古冰川作用形成的地貌；中山的海拔为1000—3500米，一般山坡陡峻，河谷深切；高山和中山占全国总面积的27.29%。海拔在1000米以下的低山占全国总面积的8.08%，一般河谷渐宽，山坡变缓，然而在强烈的流水侵蚀作用下，地形十分破碎。

中国多山的地貌条件，造成了交通建设的特殊困难。

李白"地崩山摧壮士死，然后天梯石栈相钩连"的诗句，是指传说中五丁开道的故事。据《华阳国志·蜀志》记载，秦惠王知蜀王好色，许嫁五女于蜀，蜀遣五丁迎之。还到梓潼，见一大蛇入穴中。一人揽其尾掣之，不禁，至五人相助。于是山崩，压杀五人。后来这座山就叫作"五丁冢"。《水经注·沔水》引来敏《本蜀论》则说，秦惠王企图伐蜀而苦于不知道路，作五石牛，以金置尾下，言能屎金。蜀王负力，令五丁引石牛而成道。秦国派遣张仪、司马错循这条道路率军灭蜀，这条道路因以称为"石牛道"。

五丁开道的故事，其实是世世代代对艰苦的开拓交通的业绩的缅怀，逐渐升华成为神话。

交通建设往往调用大量苦役。孔融的《肉刑论》中说道："今之洛阳道桥，作徒困于厮役，十死一生。"山区道路的修筑更为艰难。《史记·司马相如列传》说到汉武帝开西南夷道，就是由成都平原再向西南直指云贵的道路时，指出当时参加施工的"士卒多物故"①。《西南夷列传》也说，士卒极度疲劳饥饿，又为瘟疫湿气所困，"死者甚众"。记载汉代修造"天梯石栈相构连"的秦岭栈道褒斜道工程的《开通褒斜道石刻》中说道：

> 永平六年，汉中郡以诏书受广汉、蜀郡、巴郡徒二千六百九十人，开通褒余（斜）道……最凡用功七十六万六千八百余人……九年四月成就。……

所谓"用功"数字，是指工程所使用的劳动日的总和。从永平六年（63）到九年四月，工期至少在820日以上，按这一最短工期估算，需用"徒"的人数也不应超过935人，而石刻文字中称开工时受"徒二千六百九十人"。数量如此悬殊，显然应当考虑到"徒"在施工过程中大量伤病以至"物故"的因素。

---

① 《史记·匈奴列传》。按：〔唐〕司马贞《索隐》引《释名》云："汉以来谓死为'物故'，物就朽故也。"

华夏文明的萌芽发生在黄河中游平原地区。这是和当地交通条件的便利分不开的。其他地区的石器时代晚期以至早期青铜文化有的也达到相当高的水平，然而由于交通的阻障，没有能够汇并入中原文化之中，从文化全貌考察，与中原文化之间仍然表现出相当明显的差距。

最早的文明国家夏、商、周的统治中心和主要经济基地都在黄河中游平原地区。一直到春秋时期，与存在交通阻隔有关，雄踞江汉流域的楚国依然被看作蛮夷之邦。

孟子曾经对戴不胜说：有楚人要学齐语，应当让齐国人教，还是让楚国人教呢？答道：应当请齐国人教。孟子说：一个齐国人教他，却有许许多多楚国人用语言干扰，纵使每天鞭打他逼迫他说齐语，也是难以做到的。假若带他到齐国都城的闹市居住几年，那时纵使每天鞭打他逼迫他说楚语，那也是难以做到的了。[①]

成书于战国时期的我国最早的地理学名著《禹贡》，分天下为九州，即冀州、兖州、青州、徐州、扬州、荆州、豫州、梁州、雍州。孟子对齐宣王论战国初期天下形势，也划分出九个主要地区："海内之地方千里者九，齐集有其一。"[②]《吕氏春秋·有始览》也说"地有九州"：

---

① 《孟子·滕文公下》："孟子谓戴不胜曰：'子欲子之王之善与？我明告子。有楚大夫于此，欲其子之齐语也，则使齐人傅诸？使楚人傅诸？'曰：'使齐人傅之。'曰：'一齐人傅之，众楚人咻之，虽日挞而求其齐也，不可得矣；引而置之庄岳之间数年，虽日挞而求其楚，亦不可得矣。……'"
② 《孟子·梁惠王上》。

> 何谓九州？河、汉之间为豫州，周也；两河之间为冀
> 州，晋也；河、济之间为兖州，卫也；东方为青州，齐也；
> 泗上为徐州，鲁也；东南为扬州，越也；南方为荆州，楚
> 也；西方为雍州，秦也；北方为幽州，燕也。

《吕氏春秋》所谓"九州"，较之《禹贡》"九州"少了一个梁州，多了一个幽州，大约是把秦岭对交通的阻隔看得更为严重。所谓"九州"之界，有河、汉、济、泗诸水。于"九州"之次，又论及"九山""九塞""九薮"等，其中有的也是"九州"的界隔。《禹贡》所论更为明确，如"济河惟兖州""海、岱惟青州""海、岱及淮惟徐州""淮、海惟扬州""荆、河惟豫州""华阳、黑水惟梁州""黑水、西河惟雍州"，等等，几乎都以作为交通阻障的河道或山脉划隔。

这种对当时文化区的认识，是符合历史真实的。《礼记·王制》说："凡居民材，必因天地寒暖燥湿，广谷大川异制，民生其间者异俗。刚柔、轻重、迟速异齐，五味异和，器械异制，衣服异宜。"民俗这种基本文化特征的差异，是和"广谷大川"等交通条件相关联的。

公元前221年，秦始皇吞并六国，建立了中国历史上第一个大一统的中央集权的专制主义帝国。秦始皇琅邪台刻石说："应时动事，是维皇帝，匡饬异俗，陵水经地。"表达了克服交通险阻，追求文化统一的决心。由于秦朝短促，这一目的其实到汉武帝时代方才大体实现。

汉武帝曾组织"通西南夷道"的工程，"凿山通道千余里"，"发数万人作褒斜道五百余里"，又置河西四郡，开通了联系西域的道路。发水军分五路击南越，发会稽兵浮海救东瓯，遣横海将军浮海击南越，遣楼船将军杨仆从齐浮渤海击朝鲜等，也是交通史上的壮举。正是在汉武帝时代，数十年中多次挑起战争、策动割据的地方分裂势力终于基本被剪除。自战国至于汉初，除齐鲁文化表现出强大的影响力而外，楚文化的扩展和秦文化的传布也是具有鲜明时代特征的文化现象。正是在汉武帝时代，齐鲁文化、楚文化和秦文化完成了合流，形成了辉煌的汉文化的基础。

尽管汉武帝通过艰苦卓绝的交通建设实现了空前的文化统一，司马迁仍在《史记·货殖列传》中记述了各地民风的差异。按照他的分析，当时虽已"海内为一"，依然可以依照文化传统，大体勾画出如下民俗地域：

1.关中、天水、陇西、北地、上郡；

2.巴蜀；

3.河东、河内、河南；

4.赵、种、代、中山、郑、卫、燕；

5.齐；

6.邹、鲁；

7.梁、宋；

8.越、楚（又划分为西楚、东楚、南楚）；

9.颍川、南阳。

各地风俗的差异，都与地理位置和交通形势有关。与此类似的资料，还有班固在《汉书·地理志》中关于地方民俗的记述。他们的分析，注重探索文化变迁的历史渊源。人们惊异地发现，往往直至近代，民俗特征中还隐约保留有两千年前的痕迹。

然而，汉代各地文化差异较前代确实已经明显淡化。司马迁在《史记·货殖列传》中历举各地风物民俗后，最后说道："夫天下物所鲜所多，人民谣俗，山东食海盐，山西食盐卤，领南①、沙北固往往出盐，大体如此矣。"以山东、山西，勾勒出文化区分的基本大势。扬雄的《方言》也首先是以"自山而东""自山而西"来划分汉代方言分布区域的。其中说到"自山而东""自关而东"共49次，"自山而西""自关而西""关西"共86次，此外，还说到"山之东西""关之东西""自关而东西""关东西""关西关东"凡18次。战国秦汉时代，以崤山或华山划分山东、山西，与以函谷关或潼关划分关东、关西，其含义大抵是相同的。后来，则又以太行山区隔山东、山西。总之，都注意到山地交通阻障实际上成为文化界隔的事实。《汉书·赵充国辛庆忌传》说"秦汉以来，山东出相，山西出将"，《后汉书·虞诩传》说"关西出将，关东出相"，一时成为民谚。可见由于文化特征不同，山东、山西两个地区人才的基本素养也表现出一定的差异。

---

① 即岭南。

江南地区随着交通的开发，经济实力逐渐上升。六朝时代，江南政权始终与北方划江对峙。从北方南渡士族地主和南方当地士族地主的矛盾，可以窥见当时江南与江北的文化隔膜。北方士族领袖王导曾向南方士族陆玩请婚。陆玩辞谢说：小土堆上不能生长松柏，香草、臭草不能混杂，我不能开这种乱伦的先例。①又有一次，陆玩在王导家食用北方乳制品"酪"，回家即生病，次日写信给王导说：昨食酪小过，通夜委顿。我虽然是吴人，却险些做了"伧鬼"。②（"伧"，是两晋南北朝时南人对北人的蔑称。）

《世说新语·轻诋》记述："支道林入东，见王子猷兄弟。还，人问：'见诸王何如？'答曰：'见一群白颈乌，但闻唤哑哑声。'"又，"人问顾长康：'何以不作洛生咏？'答曰：'何至作老婢声！'"北人支道林听不懂江南方音，讥之为白颈乌唤哑哑声。而南人顾长康则以洛下书生吟咏音声重浊，比喻为"作老婢声"。南北士人的相互鄙视，体现了长江这一天然的交通阻障分隔开南北两个文化区的历史事实。

大致到了唐宋时期，北方作为内部较为一致的方言大区已经形成。赵彦卫《云麓漫钞》中指出，"四方之音不同"，而"北人近于俗，南人近于雅"。沈括也提出了"北人音"的

---

① 《世说新语·方正》："王丞相初在江左，欲结援吴人，请婚陆太尉。对曰：'培塿无松柏，薰莸不同器。玩虽不才，义不为乱伦之始。'"
② 参见《世说新语·排调》。

概念。看来，随着黄河流域交通事业的进步，两汉时代山东、山西的文化大区的划分，到了两晋南北朝时期演化成江南、江北两个文化大区并峙的形势。至于宋代以后，则更为通行较江南、江北略微模糊的南方、北方的划分方式。而这种文化的演进，是与千百年开发交通、克服险恶地理条件的艰苦努力分不开的。

秦汉时期有称作"道"的行政区划单位，其规模相当于县。道，设置在少数族聚居地区，这就是所谓"县有蛮夷曰道"①。这些地区，一般也都在交通不便的山地。很可能"道"之定名，正说明中央政府在这种少数族聚居地区起初所能控制的，只限于联系主要政治据点的道路。正如严耕望所指出的，"汉制，县有蛮夷曰道"，"主要行政措施惟道路之维持与控制，以利政令之推行，物资之集散"。②交通的艰难使得这类地区的文化进程受到严重阻碍。

各民族文化发展的不平衡，在很大程度上与交通条件的限制有关。到1949年时，我国藏族的大部分、蒙古族的一小部分以及傣族、哈尼族共约四百万人仍处于封建农（牧）奴制社会。四川大、小凉山地区和云南的彝族约一百万人，仍

---

① 《汉书·百官公卿表上》："列侯所食县曰国，皇太后、皇后、公主所食曰邑，有蛮夷曰道。"《史记·司马相如列传》裴骃《集解》："《汉书·百官表》曰：'县有蛮夷曰道。'"
② 严耕望：《唐代交通图考》，上海古籍出版社2007年版，第1页。

处于奴隶社会。独龙族、怒族、傈僳族、景颇族、佤族、布朗族、鄂伦春族、鄂温克族等，以及黎族和高山族的一部分，计约六十万人，仍处于原始公社制社会。①这些民族大都分布在地理条件极不利于交通发展的高原山区。

李白"蜀道之难，难于上青天"的诗句，表现出巴蜀地区因秦岭、巴山、巫山的阻障，与其他地区文化联系的困难。李学勤先生在《东周与秦代文明》一书中分析各地文化特色，划分出"巴蜀滇文化圈"。实际上，这一地区的文化面貌长期以来始终具有独自的特征。"治蜀"，是历代大一统王朝都必须慎重对待的政治课题。《隶释》卷一收录《益州太守高眹修周公礼殿记》这一汉代石刻，碑文纪年为"汉初平五年"。编集者洪适指出，汉献帝初平五年正月朔已经改元称"兴平"，然而这一碑刻记载九月发生的事，却不称"兴平元年"而仍用"初平五年"，就是因为"天下方乱，道路拥（壅）隔，置邮到蜀稽晚也"。太守治地尚且如此，其他更为偏远的地区与文化中心地区进行联系的实际状况，更可以想见。

---

① 参见《中国少数民族》修订编辑委员会编：《中国少数民族》，民族出版社2009年版，第6—7页。

Ⅱ 穆王何事不重来

唐代诗人李商隐有《瑶池》诗：

> 瑶池阿母绮窗开，黄竹歌声动地哀。
> 八骏日行三万里，穆王何事不重来？

周穆王是著名的好"远游"的帝王。《列子·周穆王》说他"肆意远游，命驾八骏之乘"，至于"昆仑之丘"，又"宾于西王母，觞于瑶池之上。西王母为天子谣，王和之，其辞哀焉"。《穆天子传》说："西王母为天子谣，曰：'白云在天，山陵自出。道里悠远，山川间之。将子无死，尚能复来。'天子答之曰：'予归东土，和治诸夏。万民平均，吾顾见汝。比及三年，将复而野。'"穆天子答诗中，还有"我徂黄竹，负閟寒谢"之句。

对周穆王西行所至，历来有不同的见解。瑶池，有人认为是青海湖，有人认为是天山天池。有人认为西王母之邦大约在今帕米尔地区。周穆王离开西王母之邦后，又到了大旷原，在这里进行了长达九天的大规模狩猎，获鸟兽无数。不少学者推断，大旷原就是吉尔吉斯草原，甚至有人认为周穆王的足迹已经到了欧洲的华沙大平原。西王母，很可能是西方母系氏族社会的部族领袖。不管采纳哪一种意见，周穆王的行迹都已经远远超出当时周王朝的统治范围。

根据《史记·秦本纪》的记载，穆王"西巡狩，乐而忘归。徐偃王作乱"，造父为周穆王驾车，"长驱归周，一日千里以救乱"。看来穆王"不重来"的原因，可能是许久未能实现"和治诸夏，万民平均"。然而，为什么后代帝王都不曾继续循这条路线西行呢？

主要原因，很可能在于"道里悠远，山川间之"。

中国历史上有作为的帝王大多游踪甚广。秦始皇在进行统一战争期间曾三次出行，视察部队，指挥战争。秦统一后，他又五次巡行天下，即所谓"勤劳本事""临察四方"①，最后在出行途中去世。汉武帝也曾东至海滨，行历北边，一生中的很多时间都奔走于道路。而汉光武帝刘秀、唐太宗李世民、明太祖朱元璋这样的帝王，则在开国战争的戎马生涯中行历万里，他们的交通实践对于他们的政治成功有着不可低估的积极作用。

然而，汉民族始终没有出现过像亚历山大大帝和成吉思汗这样的能够以政治实力影响几个文化体系，横跨欧亚大陆，成为世界征服者的帝王。

孔子生涯多有游历实践。②以为承继，作为中国文化精英的历代士人，虽然注重所谓"读万卷书，行万里路"的实践，

---

① 《史记·秦始皇本纪》。
② 参见王子今：《孔子的行旅生活与儒学的交往理念》，《国际儒学》2021年第 2 期。

他们始而"赢縢履蹻，负书担橐"，终则"伏轼搏衔，横历天下"①，可是儒学精神中实现自我价值的程序：格物—致知—诚意—正心—修身—齐家—治国—平天下，其中所谓"天下"，其实有着相对狭隘的界定，这就是往往仅限于华夏文化区，即汉民族聚居的地区。

中国古人天下观的形成，是有一定的地理背景的。

我国的地理条件决定了外域交通的困难。我国东部环海，西部与西南有青藏高原、云贵高原形成难以逾越的交通阻隔。北方冷寂的大漠往往还有强大的游牧族的军事压迫。只有西北方向可以经河西走廊，再循东西走向的天山山脉西行。可是这条通路也充满了艰难险阻。古诗中所谓"握雪海上餐，拂沙陇头寝"②，所谓"马走碎石中，四蹄皆血流"③，所谓"北风卷地白草折，胡天八月即飞雪"④"明月如霜照白骨，恶风卷地吹黄沙"⑤，都描述了通行的困难。

东晋时期的高僧法显曾经河西走廊往天竺取经求法。《法显传》记载了他行经白龙堆沙即沙河时的情形：

---

① 《战国策·秦策一》。
② 〔唐〕李白：《塞下曲》。
③ 〔唐〕岑参：《初过陇山途中呈宇文判官》。
④ 〔唐〕岑参：《白雪歌送武判官归京》。
⑤ 〔宋〕陆游：《塞上曲》。

> 沙河中多有恶鬼、热风，遇则皆死，无一全者。上无飞鸟，下无走兽。遍望极目，欲求度处，则莫知所拟，唯以死人枯骨为标识耳。

由乌夷国西南行，依然"涉行艰难，所经之苦，人理莫比"。又西行翻越葱岭，"葱岭山冬夏有雪，又有毒龙，若失其意，则吐毒风、雨雪、飞沙砾石。遇此难者，万无一全"。唐代著名高僧玄奘西行取经也经过"大流沙"，《大唐西域记》中写道：

> 入大流沙，沙则流漫，聚散随风，人行无迹，遂多迷路。四远茫茫，莫知所指，是以往来者聚遗骸以记之。乏水草，多热风。风起则人畜昏迷，因以成病。时闻歌啸，或闻号哭，视听之间，恍然不知所至，由此屡有丧亡，盖鬼魅之所致也。

《汉书·西域传上》记载了汉成帝时杜钦对大将军王凤陈说由皮山往罽宾交通的艰险：

> 馁山谷之间，乞丐无所得，离一二旬则人畜弃捐旷野而不反（返）。又历大头痛、小头痛之山，赤土、身热之坂，令人身热无色，头痛呕吐，驴畜尽然。又有三池、盘石阪，道狭者尺六七寸，长者径三十里。临峥嵘不测之深，行者骑步相持，绳索相引，二千余里乃到县度。畜队

（坠），未半坑谷尽靡碎；人堕，势不得相收视。险阻危害，不可胜言。

由于交通条件恶劣所导致的文化交往的时断时续，西域地区的历史文化形成了较为复杂的面貌。

Ⅲ 草原交通·海洋交通："┐"形文化交汇带的兴衰

英国著名历史学家汤因比在《历史研究》一书中论述了海洋和草原这两种地理条件对于文化形成与传播的作用。他注意到："草原像'未经耕种的海洋'一样，它虽然不能为定居的人类提供居住条件，但是，却能为旅行和运输提供比已开垦的土地更为方便的条件。"他指出："海洋和草原的这种相似之处可以通过它们作为传播语言的工具的职能来说明。"古代航海者可以轻易地把他们的语言传播到他们所活动的海域的四岸。古希腊的航海家们就曾经一度使希腊语成为地中海整个沿岸地区的通行语言。马来西亚半岛勇敢的航海家们则把他们的马来语传播到西至马达加斯加，东至菲律宾的广大地区。"在太平洋上，从斐济群岛到复活节岛，从新西兰到夏威夷，几乎到处都使用一样的波利尼西亚语言，虽然自从波利尼西亚人的独木舟在隔离这些岛屿的广大洋面上定期航行的时候到现在已经过去了许多世纪了。此外，由于'英国人统治了海洋'，在近年来英语也就变成世界流行的语言了。"

汤因比还指出："在草原周围，也有散布着同样语言的现象。由于草原上游牧民族的传布，在今天还有四种这样的语言：柏柏尔语、阿拉伯语、土耳其语和印欧语。"

柏柏尔语是撒哈拉沙漠上的游牧民族及南北边缘地区定居人民使用的语言。阿拉伯语通行于阿拉伯草原的北面和南面。土耳其语也传播于欧亚草原的许多边缘地区。欧洲和伊朗都靠近欧亚草原，在土耳其语的传播者还没有在这里定居下来之前，欧亚草原上的印欧语的传播者曾经在这一地域活动，因此今天印欧语系的分布出现了很奇特的现象，它分别被应用于两处彼此隔绝的地区，一处在欧洲，一处则在伊朗和印度。

语言的传播与流变也是重要的文化现象，语言同时又是人类社会生活和一切文化创造的基础。进行文化史的考察，我们可以看到，草原和海洋是文化交往的重要媒介。草原和海洋可以纵马扬帆，为交通提供了相对便利的条件。

从远古时代起，孕育于黄河、长江两大流域的文明就通过这两个方向实现外际交流，即通过草原交通和海洋交通与其他文化区接触，形成了大致呈"コ"形的文化交汇带。

考察石器时代远古先民们对外交往的历史，可以发现当时已经存在北方草原地区横跨东西的道路和沿太平洋西岸纵贯南北的道路。由细石器、彩陶和游牧族所使用的早期青铜器的分布区域及不同地区的形式演变，可以勾画出东西向草原通路的大致走向。以游牧为基本经济形式的草原居民活动在西抵西亚、东至西伯利亚的广阔地区。在这一活动区域的东南面,经河西地区、河套地区、辽河地区与黄河流域的远古文化相接触,形成了文化交流的热点。《穆天子传》所记述的周穆王西行的路线,就是先北上至河套地区,然后西行,正是循由草原通路。

沿太平洋西岸的远古文化遗迹,表现出一些明显的共同特征,反映出"海洋交通"的作用。我国东南地区石器时代的标准器物——有段石器和有肩石器,其分布区域可以延伸到南太平洋以至于新西兰等地,几何印纹陶的分布区域也覆盖了整个东南亚地区。

著名考古学家苏秉琦教授在论述考古学文化的区域类型问题时曾经指出:

> 如果我们把我国的版图分为面向内陆和面向海洋两部分的话,那么还可以看到这样一种情况:面向内陆的部分,多出彩陶和细石器;面向海洋的部分则主要是黑陶、几何印纹陶,有段和有肩石器的分布区域,民俗方面还有拔牙的习俗……在这广大的区域内,古代劳动人民从很早的时候起就有着交往活动,越往后这种交往活动就越密切。[1]

所谓"面向内陆的部分"和"面向海洋的部分"不同的文化特征,其形成确实分别与"草原交通"和"海洋交通"有关。

---

[1] 苏秉琦、殷伟璋:《关于考古学文化的区系类型问题》,《文物》1981年第5期。

从西汉时期起，中国特产丝绸经过匈奴和西域地区几乎不断地向西方输出。丝绸贸易是当时举世瞩目的大宗贸易。汉代丝织品不仅在武威、敦煌、额济纳、吐鲁番、库车、科城、巴楚、楼兰、尼雅等丝绸之路沿线地区的墓葬和遗址中有发现，也出土于匈奴墓葬中。中亚细亚的肯科尔、撒马尔罕等地，也有同样的发现。罗马帝国的贵族们以穿着中国丝绸为时尚，由于记载之丰富，已经成为历史常识。在罗马帝国辖境内的埃及卡乌以及幼发拉底河罗马边境城市杜拉欧罗波等地，也曾经发现用中国丝制成的织物。中国丝绸或许除经由传统理解的"丝绸之路"外，还经由日本学者白鸟库吉论述过的"毛皮之路"西行。"毛皮之路"横贯中亚北部和伏尔加河流域，是更严格意义上的"草原之路"。

经过丝绸之路，汉帝国输出丝绸、漆器、铁器，输入毛皮、良马、瓜果、香药。

一般认为，佛教的传入，是经西路借由"草原交通"而来。传说汉明帝夜梦神人，欣然感悦，于是遣使往大月氏国写取佛经，因"白马负经"，于是在洛阳营建白马寺。

其实，佛教的最初传入，还要早一些。西汉已经有缴获匈奴祭祀用金人的记载。有人认为，金人实际上就是佛像。《后汉书·光武十王列传·楚王英》说，楚王刘英晚年崇尚黄老，并且"学为浮屠斋戒祭祀"，所谓"诵黄老之微言，尚浮屠之仁祠，洁斋三月，与神为誓"。"洁斋三月"，正与佛教"三长斋月"相符合。

　　楚王刘英的统治中心在今天的江苏邳州一带。与此邻近，连云港孔望山发现了东汉时期的佛教题材石刻造像。有人曾经对孔望山佛教造像意味着佛教艺术兴盛后不久就迅速传到东海之滨提出疑问，以为这同过去估计的佛教艺术传入中国内地的时间出入太大。其实，汤用彤先生在《汉魏两晋南北朝佛教史》中已经指出，"东汉佛教流行于东海"。《后汉书·陶谦传》记述广陵、下邳、彭城一带佛教风行的盛况："大起浮屠寺……每浴佛辄多设饮饭，布席于路，其有就食及观者且万余人。"

　　佛教在这一地区的传播，似乎不能排除利用"海洋交通"的可能。

　　世界另两大宗教——伊斯兰教和基督教，也同样通过"草原交通"和"海洋交通"两个渠道传入我国。

　　"草原交通"和"海洋交通"，即西北草原丝绸之路交通和东南海洋丝绸之路交通，对于中华民族文化的成熟与繁荣，对于中国文化向世界的贡献，有着极其重要的作用。[1]一个国家、一个民族的对外交往，犹如一种文化的呼吸。如果气运和顺、吐纳自如，就壮健而富于生机。如果气息奄奄，"呼不给吸"[2]，则不免暴露出销铄衰惫之征。考察丝绸之路和陶瓷之路的历史，人们可以发现，中国文化的这左右两侧肺叶，

---

① 参见王子今：《丝绸之路交通的草原方向和海洋方向》，《丝路文明》2020年第1期。
② 《淮南子·兵略》。

并不是始终健康如一的。它时或功能衰竭，时或发生限制性或阻塞性障碍，甚至表现出严重的病变。

回顾我们民族对外交通的历史，在如汉唐盛世这样的文化繁荣的时代，恰恰就是对外交往最为频繁密切，能够比较热诚地吸纳外来文化精华的时代。晋人郭璞《江赋》中有所谓"呼吸万里，吐纳灵潮"的文句。中国这一世界巨人，在汉唐时代就表现出这种宏大的气度和自信心。新疆罗布泊出土汉锦上"登高明望四海"的文字，体现出我们民族当时面对世界的恢廓胸襟。

大约在唐代及以前，几乎以毕生精力献身中外文化交往事业而在历史上留下姓名的，大多是中国人，如张骞、班超、法显、玄奘、鉴真等。然而宋代以后，完成这一业绩的已经多是西人。在所谓"德被天下""四夷来宾"这种自视为世界文明中心的民族虚荣心的支配下，到了对外来文化的态度如孔夫子所谓"屏气似不息者"①一般自我拘忌的时代，民族文化也渐渐走向衰微，甚至到了濒临窒息的境地。

其实即使在汉唐时代，通过"草原交通"和"海洋交通"实现的文化交往，也表现出某些历史的局限。例如当时的贸易活动就有这样一些特点：

1.丝绸及珠玉宝器等高级消费品贸易是当时最引人注目的大宗贸易。丝绢品质轻软，在交通条件不完备的情况下便于

_____

① 《论语·乡党》。

携运。由于迎合了社会上层的消费需要，易于获取暴利。公元1世纪著名的古罗马博学家普林尼在他的名著《博物志》中说："赛里斯国以树林中出产的丝闻名于世"，"罗马贵族妇女用制衣料，穿后光耀夺目"。希腊诗人埃诺迪尤斯在《泰奥多利克赞诗》中也写道："当皇家贵族的紫红服装照耀着你的面庞时，实在无法形容你人格的庄严崇高。"从这条道路所传入中国的，也首先是皇家贵族所喜好的名马奇畜、珍怪宝玩。随着实物交流，也有适合社会上层享乐需要的歌舞、乐器、杂技、幻术的传入。经"海洋交通"所引进的，也主要是"明珠、璧流离、奇石异物"①等。而佛教经义的传入以及凿井、冶铁等技术的传出等从历史上看来意义更为重大的文化交流活动，当时不过是隐没于体积轻便、单位价值昂贵的奢侈品贸易的洪波下的细微的潜流。

2.中国货品出口多由政府组织经营。中国的丝帛，在汉代有相当大的一部分作为高级馈赠品，通过向匈奴和天山南路诸国赠送而流向塞外。当时的丝绸转运队伍通常由政府组织，虽然称为"使节"，实际上往往是官营的一到交易地点就直接成交的贸易使团。丝绸还常常被用作外交手段。张骞于公元前119年第二次出使西域时，就"赍金币帛直数千巨万"②，以为馈赠之礼。汉宣帝元康元年（前65）龟兹王来朝，一次

---

① 《汉书·地理志下》。
② 《史记·大宛列传》。

就赏赐"绮绣杂缯琦珍凡数千万"。甘露二年（前52），匈奴呼韩邪单于来朝，赐以"衣被七十七袭，锦绣绮縠杂帛八千匹，絮六千斤"。汉哀帝元寿二年（前1），一次就赠送匈奴单于锦绣缯帛三万匹。班超通西域，又曾"赐大小昆弥以下锦帛"以结好乌孙，并遣使者"多卖锦帛遗月氏王"，以平定疏勒。

3.贸易活动中最为活跃的是外国商人。普林尼指出，赛里斯人举止温厚，然而很少与人接触，贸易都坐待他人前来，而绝不求售。生活于公元3世纪中叶的希腊作家索林在《多国史》一书中也说道，赛里斯人"躲避与其他人相接触，甚至拒绝向其他民族保持贸易关系"。对于中国商人在贸易时的被动心理，索林还指出："他们出售自己的商品，但从不采购我们的商品。"而当时中亚来华商人却异常活跃，使丝绸之路上的商运往来不绝。东汉时，"商胡贾客，日款于塞下"①。据《周书·吐谷浑传》的记载，凉州刺史史宁在凉州以西袭击吐谷浑通齐使节，获"商胡二百四十人，驼骡六百头，杂彩丝绢以万计"。《资治通鉴》卷二三二"唐德宗贞元三年"条记载，李泌主持政务时，"胡客留长安久者，或四十余年"。后对检括出的胡客有田宅者，鸿胪停止经济供给，属于这种情形的人数竟达四千多。而面对"终身客死"的前景，"胡客无一人愿归者"。通过"海洋交通"的南海贸易，自汉代起，也往往由"蛮夷贾船，转送致之"②。

----

① 《后汉书·西域传》。
② 《汉书·地理志下》。

4.贸易活动受到中央政府的严格限制。汉代已经形成了比较严格的关禁制度。例如，汉景帝时就曾经规定："禁马高五尺九寸以上，齿未平，不得出关。"有人以为，这一禁令旨在控制、削弱吴楚七国。其实，颁布这一禁令的时候，吴楚七国之乱已经平息；汉王朝防止马匹外流，有对域外邦国进行封锁的作用。事实上，就在汉景帝推行这一禁令两年之后，确实曾经有"匈奴入雁门，至武泉，入上郡，取苑马"[①]的严重事件发生。《大唐西域记》一书中，记录了有关蚕种艰难西传的传说：瞿萨旦那国（即于阗，今新疆和田）未知桑蚕，闻东国有也，命使臣求之。而东国国君秘而不赐，敕令关防，严禁泄出。瞿萨旦那国于是卑辞下礼，求婚于东国。东国国王出于怀远之志，答应了这一请求，于是：

> 瞿萨旦那王命使迎妇，而诫曰："尔致辞东国君女，我国素无丝绵桑蚕之种，可以持来，以为裳服。"女闻其言，密求其种，以桑蚕之子，置帽絮中。既至关防，主者遍索，唯王女帽不敢以验，遂入瞿萨旦那国。

桑蚕于是在该国衍生。藏文《于阗国史》及《新唐书·西域传》也记载了类似传说。英籍考古学家斯坦因在丹丹乌里克寺院遗址还发现了描绘这一故事的板画。东罗马史学家普罗

---

① 《汉书·景帝纪》。

科匹阿斯曾记述蚕种由印度国僧人传至拜占庭；而在另一位东罗马历史学家提奥芬尼斯笔下，则记述为波斯人"藏蚕子于行路杖中，后携至拜占庭"。显然，如果以为当时的交通形式与后世的自由贸易相近，那是不符合历史实际的。

草原通路和海洋通路上的荒漠险山和浩海急流，形成对交通活动的限制。除了地理条件之外，还应当考虑到骑马民族（即丝绸之路上往来迁徙的"行国"）和航海民族（即陶瓷之路上所谓"蛮夷贾船"的主人）的作用。北方游牧族的侵扰，就往往造成丝路的断绝。唐太宗击败西突厥后，立刻对西域使者宣布说："西突厥已降，商旅可行矣。"于是"诸胡大悦"①。除了以上这些条件，我们还可以分析中国传统文化中较为深层的限制交通发展的因素。值得人们深思的是，在把首都确定在"草原交通"和"海洋交通"交汇地带的元王朝、明王朝和清王朝统治的时期，交通条件在事实上的优越，并没有得到当权者自觉地重视和利用，因为多种文化因素的作用，这两条重要交通通路的实际效能渐渐萎败衰落。

后来，当强大的西方近代文明沿着这两条道路雄赳赳进逼而来，以铁骑和炮舰冲破了长城和海防时，以世界最先进的礼乐文明自诩的古老帝国终于走向衰亡，延续了数千年的文化传统，也陷入了严重的危机。

---

① 《新唐书·西域列传下·康国》。

第二章

跛足帝国

完备的军政交通系统与落后的民间商运

回中道路险，萧关烽候多。

五营屯北地，万乘出西河。

单于拜玉玺，天子按雕戈。

振旅汾川曲，秋风横大歌。

〔唐〕卢照邻：《上之回》

Ⅰ 驰道与大运河

周代已经有称为"周行""周道"的主要交通干线将全国各主要经济文化区联系起来。《诗经》中有"四牡骓骓，周道倭迟""周道如砥，其直如矢"的诗句。《左传·襄公五年》引遗诗也说："周道挺挺，我心扃扃。"周道，应当是由周王室修筑的通往各诸侯国的交通道路。

秦始皇在兼并六国、完成统一之后，立即着手进行全国交通网的建设，在原有交通的基础上，"决通川防，夷去险阻"，将各地水陆通道都纳入以全国为规模的交通系统之中。《史记·秦始皇本纪》记载，秦始皇二十七年（前220），"始皇巡陇西、北地，出鸡头山，过回中……治驰道"。驰道的修筑，是秦汉交通建设事业中时代特色最鲜明的成就。通过秦始皇与秦二世出巡的路线，可以知道驰道当时已经结成全国陆路交通网的要络。曾经作为秦王朝中央政权主要决策者之一的左丞相李斯，在被赵高拘执后于狱中上书自陈，历数了自己的七项功绩，其中就包括"治驰道，兴游观，以见主之得意"①。可见，修治驰道是统治短暂的秦王朝行政活动的主要内容之一。

关于驰道的规模，西汉人贾山说：

> 道广五十步，三丈而树，厚筑其外，隐以金椎②，树以青松。为驰道之丽至于此，使其后世曾不得邪径而托足焉。③

"道广五十步"，相当于现今尺度约69米。考古工作者曾在陕西咸阳窑店镇南发现一条南北方向的古道路遗迹，路宽50米。这条道路作为沟通渭北咸阳宫和渭南阿房宫的交通干道，自然应当归入驰道交通系统之中。据调查，陕西潼关以东的秦汉驰道遗迹，残存路面宽度也超过45米。

秦始皇时代，还由将军蒙恬主持修筑了由长城线上的九原郡直抵云阳的著名的直道。直道"堑山堙谷"，工程极其艰

---

① 《史记·李斯列传》。
② "隐"这里取"稳"字之义。王先谦《汉书补注》："周寿昌曰：'隐'即'稳'字，以金椎筑之使坚稳也。"陈直《汉书新证》写道："周寿昌谓隐即稳字，以金椎筑之使坚稳也。考《全后汉文》卷九十八《开通褒斜道石刻》云：'益州东至京师，去就安隐（此段文字，现石刻已经摩泐，严文系根据宋代晏袤释文）。'借稳为隐，与本文同，周说是也。"敦煌汉简可见"长中足下起居诸子途中皆安隐善不乃深表忧念"（161）简文，亦可以为补证。
③ 《汉书·贾山传》。

巨。直道遗迹在陕西黄陵、富县、甘泉及内蒙古伊金霍洛旗、东胜等地发现多处，路面宽度一般在50—60米之间，内蒙古有的路段宽度超过60米。

驰道"厚筑其外"，路基构筑务求坚实，两侧形成宽缓的路坡。路旁植有行道树。所谓"使其后世曾不得邪径而托足"，说明驰道选线尽量追求捷直，减缓坡度，扩大曲线半径。

驰道作为区别于普通道路的高速道路，当时伸布到秦帝国的各个地区。按照贾山的说法，秦"为驰道于天下，东穷燕齐，南极吴楚，江湖之上，濒海之观毕至"。然而根据史籍的记载来看，通行驰道中，要经过皇帝的特许，当时甚至还有不容许随意由驰道穿行的严格规定。这一制度大约直到西汉末年才被废除。显然，驰道的开通和使用，除为帝王出游方便而外，主要是为行政和军事目的服务的。而直道更直接是为了抵御匈奴的国防需要而修筑的。

由中央集权的专制主义政府所组织的大规模的交通建设，还有运河的开凿。

春秋战国时期，人工运河已经相继出现。比较著名的有吴王夫差开通的邗沟、菏水和魏惠王开通的鸿沟。这些工程的直接目的都是为了水军通航和便利粮运，以此实现霸业。西汉时期为了保证首都长安的漕运效率，"引渭穿渠，起长安，并南山下，至河三百余里"[1]，这就是著名的漕渠。

---

[1]《史记·河渠书》。

漕粮运输主要是供给京师的皇族、中央政府官僚及首都警卫部队的消费需求。所谓"朝祭之需，官之禄，主之廪，兵之饷，咸于漕平取给，而饷为最"①，因而历代统治者无不对漕运倍加关注。西汉初年，运往首都长安的漕粮每年不过数十万石，汉武帝时激增到四百万石，武帝元封年间竟然达到六百万石。杜笃《论都赋》中说到当时河渭漕运之盛："鸿渭之流，经入于河，大船万艘，转漕相过。"

长江流域经过数百年的开发，经济实力渐渐与黄河流域相当，而且表现出继续上升的趋势。隋朝完成了新的统一，合两大流域而一，建立起超过两汉的更雄厚的经济基础。大运河的开通，是隋王朝完成的伟大工程。隋代与秦代表现出某些历史的共同性：同样推行具有明显军事强权性质的暴政；同样是关西贵族集团对东方的统治；同样覆亡于第二代帝王；同样好大喜功，大规模调发徭役，完成了永垂史册的伟大工程；同样开启了后继朝代空前繁荣的文化盛世。与秦代驰道建设大致规定了后世交通道路网的走向和规模相似，隋代开通大运河的工程也为后世南北水运的发展奠定了基础。

隋文帝于公元584年开通漕渠，西引渭水，由长安直通潼关，一时漕运便利，"使官及私家，方舟巨舫，晨昏漕运，泝沂不停"②。

①〔清〕董恂:《江北运程》。
②《隋书·食货志》。

隋炀帝大业年间，又曾先后三次组织大规模的运河工程。公元605年，开凿通济渠并整治邗沟。公元608年，开永济渠。公元610年，开江南河。这一系列工程的完成，形成了我国南北交通的大动脉。我国东部各大水系，海河、黄河、淮河、长江、钱塘江相互沟通，缩小了南北文化的差距，促进了经济的发展，特别是对于专制主义政治制度的健全与巩固，表现出突出的作用。

然而，隋炀帝组织运河工程的直接目的，原本只是巡游行乐和宣扬皇威。

公元605年，隋炀帝率领一二十万人的巡行队伍出游江都。他乘坐的"龙舟"高达4层，萧皇后乘坐的"翔螭舟"规格稍次，还有高3层称为"浮景"的水殿9艘。此外，还有数千艘命名为"漾彩""朱鸟"等的大船，载乘妃嫔、诸王、百官以及僧尼、道士等。挽船的壮丁多达8万余人。船队前后长二百余里。公元611年，隋炀帝自江都行幸涿郡，徒步随龙舟而行的官员们"冻馁疲顿，因而致死者什一二"。

南北大运河的开通，标志着经济重心向东南地区转移这一历史过程的基本完成。这条贯通南北的水路，成为隋唐帝国生死相系的大动脉。杜甫《后出塞》中"云帆转辽海，粳稻来东吴"的诗句，描写了运河水运的畅通。唐代著名文学家韩愈曾经指出："当今赋出于天下，江南居十九。"唐代诗人李敬方也有这样的诗句：

> 汴水通淮利最多，生人为害亦相和。
>
> 东南四十三州地，取尽脂膏是此河。

这条南北交通命脉的畅通，为大唐帝国的繁荣昌盛奠定了基础。

北宋建都开封，地理位置更接近于东南鱼米之乡。北宋时，"国家根本，仰给东南"，年漕运量超过唐代，最多达到800万石，创造了我国漕运史上的最高纪录。当时，皇室的巨额消耗（每年仅祭祀用酒就需用糯米8万石），官僚机构大量冗官冗员的俸禄（所谓"州县不广于前，而官五倍于旧"，宋真宗时一次裁汰各路冗吏就约达19.5万人，未裁减者当然数倍于此），庞大的军队所需的养兵费用（宋仁宗时全国军队约达125.9万人），都仰赖东南漕运。

元、明、清三代都城都设在北京，南北大运河全程成为至关重要的交通命脉。元代漕粮一度采用海运方式，但不久又重新经由运河。元代诗人王恽在《通漕引》一诗中写道：

> 汉家鼎定天西北，万乘千官必供亿。
>
> 近年职贡仰江淮，海道转输多覆溺。

明代和清代，运河的畅通与否，依然是左右天下大势的关键。皇帝往往派遣最亲近的信臣，督领各种物资的北运。到清朝后期，1855年由于黄河决口及其他原因，漕粮才不得不完全改由海运。

Ⅱ 一骑红尘妃子笑，无人知是荔枝来

中国古代交通系统的效率与特征，还可以通过邮驿制度的形成加以说明。

从商周时期起，我国已经开始形成"邮""传""遽""驲"等通信制度。秦汉时期，这一制度更为完备。当时已经形成驿置、邮亭等交通设施。已经制定了可能收录于《厩律》之中的邮传法令。汉律规定："邮行有程。"即对于邮驿行程时限的定制已具有法律上的约束。邮驿系统主要为行政与国防服务，传递的主要内容是上旨公文和军情军令，因而这些制度都是为了保证行政效率和取得战争的胜利。

居延汉简中有关于元康五年诏书颁布程序的简文：

> （元康五年）二月丁卯，丞相（魏）相下车骑将军、中二千石郡太守、诸侯相，承书从事下当用者如诏书……

这一诏书不久传达到基层：

> 三月丙午，张掖长史延行太守事，肩水仓长汤兼行丞事，下属国都尉、小府县官，承书从事下当用者如诏书……

诏书由丞相处正式颁下，到张掖地方长官收到并转发下属，历时不过三十九天。从长安到张掖，路程达两千余里，在当时的交通条件下，不能不认为通信系统表现出了相当高的效率。

军事信息的传递更为迅速。《汉书·赵充国传》记载，汉宣帝神爵元年（前61），赵充国率军在青海地区平定羌乱，上书请示用兵之策，"六月戊申奏，七月甲寅玺书报从充国计焉"。相距一千二百多千米，军书往返不过才用了六天时间。

三国时期，曹魏政权由陈群等人专门制定了《邮驿令》，这是中国古代第一部以"邮驿"定名的法令。东晋时期，据刘昭注补《续汉书·舆服志上》，实行"邮驿共置""有邮有驿"的制度。南朝水路邮驿获得发展，交通往往水陆相兼。北朝时，"驿"的军事特征更加明显，驿置"驿将"，"驿逻无兵"，成为极反常的情形。①

唐代创始"飞表奏事"制度，利用邮驿系统提高行政效率。唐人诗文中常有驿馆留居的题咏，可说明这种交通设施的普及及应用的广泛。所谓"一驿过一驿，驿骑如星流"，"十里一走马，五里一扬鞭"，都描写了驿传的繁忙。当时还有经由水路的"水驿"。唐代诗人王建曾赋《水夫谣》：

> 苦哉生长当驿边，官家使我牵驿船。
> 辛苦日多乐日少，水宿沙行如海鸟。

---

① 《魏书·献文六王传上·赵郡王谧》。

"辛苦日多乐日少"诗句，说明水上驿路交通也十分繁忙。

宋代驿传出现步递、马递、急脚递三种不同的递铺组织，它们设置普遍，自成网络，互为补充。宋代还实行了以军卒任递夫（铺兵）而不再"役民为之"的重大变革。

《马可·波罗游记》第2卷第26章采用了这样的标题："设在所有大道上的驿站、徒步的信差和支付经费的办法"。其中记述了元帝国发达的驿传体制：

> 从汗八里城（元大都），有通往各省四通八达的道路。每条路上，也就是说每一条大路上，按照市镇坐落的位置，每隔40或50公里之间，都设有驿站，筑有旅馆，接待过往商旅住宿，这些就叫做驿站或邮传所。……
>
> 每一个驿站，常备有400匹良马，供大汗信使来往备用。所有专使都可以有替班的驿马。……
>
> 在他（大汗）的整个领域内，服务在邮递部门的马匹不下20万，而设备适宜的建筑物，也有1万幢。这真是一个十分美妙奇异的制度，而且贯彻得这样有效，确是难以用语言来形容的。

根据马可·波罗的记叙，驿卒日行可达425千米，"在万分紧急关头，他们夜间也策马赶路"。

这种驿站，又称作"站赤"。成吉思汗时，蒙古已经开始仿效中原的驿传制度，在境内设立驿站。窝阔台即位后，又增设了从蒙古本土通往察合台和拔都封地、从国都和林通往中原汉地的驿站，并颁布了有关乘驿的规定。元朝建立之后，全国普遍设立驿站。据1331年成书的《经世大典》记载，各地驿站总数多达1500余处（不包括西北诸汗国境内的驿站），形成了以大都为中心的效率极高的交通通信网。当时的驿路东北通达奴儿干之地（黑龙江口一带），北方通达吉利吉斯部落（叶尼塞河上游），西南通达乌斯藏宣慰司辖境（今西藏地区），范围之广阔，为前代所未有。《元史·兵志四》说："元制'站赤'者，驿传之译名也。盖以通达边情，布宣号令，古人所谓置邮而传命，未有重于此者焉。""站赤"，或写作"展齐"，源于蒙古语jamci，据说原义可能是指"管理驿站的人"或"掌管驿务的人"。大致从元代起，"站赤"已经成为"驿站"的同义语。

在成书于元代末年，记述元大都形势制度的志书《析津志》中说道："宣朝廷之政，速边徼之警报，俾天下流通而无滞，唯驿为重。"并记载了这样一道诏令，针对延安路（今陕西延安）、东胜州（今内蒙古托克托）调兵转粮面临的问题，要求强化对"站赤"的管理：

> 若不验其陆路远近，整治站赤，诚恐临时失误。俺商量来，而今东胜至白登五处，元设牛站。并使牛人户除见在外，其余不敷人户，差官金补。所少车辆、牛只、布袋等物，收买成造。夏永固并设车牛站一所，合用站户，除军

站外，委兵部官于附近州县相应人户内佥，权且应当，事
宁之后，各归元役。每站设驿令一员，专一提调一应事务。
仍将各站人户，除免杂泛差役，和雇和买。怎生么道太子
根前，启呵圣旨识也者。么道奏呵奉圣旨那般者。钦此。

"站赤"的管理，具有"不可漏废"的意义，以致有时皇帝本
人也直接予以关注。

由于"站赤"设置合理，效率突出，为当时行政管理的
加强和社会文化的进步奠定了必要的基础。据《元史·兵志
四》记载："于是四方往来之使，止则有馆舍，顿则有供帐，
饥渴则有饮食，而梯航毕达，海宇会同，元之天下，视前代
所以为极盛也。"

元帝国表现出极高效率的完备的驿传制度之所以能够逐
步健全，是以持久的大规模战争为背景的。蒙古军队驰骋于
东起黄海、西至多瑙河流域的辽阔的欧亚大陆，"军行万里，
绝塞远征"，需要凭借驿传系统以保证交通联系。元代驿传组
织在一定程度上也成为庞大的军事机器的组成部分，汉地驿
治就曾经归属中书兵部统辖。"大元立国以来，以军驿为重。"
军人及涉及军务的活动，享有优先利用驿传条件的权利。按
照规定，对违反驿传制度的人，"照大札撒断罪"，即按照成
吉思汗制定的法令严处，然而"出军之人不在此限"。

元代驿传制度的高度完备，又是与大一统的专制帝国的
国情相适应的。元帝国拥有十分辽阔的疆域，"北逾阴山，西

极流沙，东尽辽左，南越海表"①。当时，"都省握天下之机，十省分天下之治"，立中书省总理全国政务，又相继在各地设置行中书省，即行省。元代行省制度的建立，是中国行政制度史上的重要变革。"省"作为地方一级行政区的名称，一直沿用到现在。现在"省"的设置，仍然基本沿袭了元时的规划。晋以后，在地方代表中央行尚书省事的机关称"行台"。唐贞观以后废行台。元代设"行省"，据《元史·百官志七》："中统、至元间，始分立行中书省，因事设官，官不必备，皆以省官出领其事。其丞相，皆以宰执行某处省事系衔。"可见，"行"，起初有巡察无定所的含义。元代行枢密院、行御史台、行宣政院、行都水监等建制，意义也大抵相同。这样的机构，当然与朝廷必须保持密切的联系。《元史·百官志八》记述，元惠帝至正二十二年（1362），御史大夫完者帖木儿上奏："江南诸道行御史台衙门，尝奉旨于绍兴路开设，近因道梗，湖南、湖北、广东、广西、海北、江西、福建等处，凡有文书，北至南台，风信不便，径申内台，未委事情虚实。宜于福建置分台，给降印信，俾湖南、湖北、广东、广西、海北、江西、福建各道文书，由分台以达内台，于事体为便。"于是"有旨从之"。可见，这类机构的设置，要求"文书"通达，"风信"便捷，是以交通条件作为基本的前提的。应当说，元代行省制度的创始，也是以作为当时主要交通建

---

① 《元史·地理志一》。

设成就之一的驿传制度的建立和健全为条件的。中央和地方、地方和地方之间的联系得以沟通，以至驿站"星罗棋布，脉络贯通，朝令夕至，声闻毕达"。正如《析津志》中所说："圣朝一统天下，龙节虎符之分遣，蛮陌骏奔之贡举，四方万里，使节往来，可计日而治者，驿马之力也。"

自汉代起，政府就"列邮置于要害之路，驰命走驿，不绝于时月"[1]。驿传制度成为大一统的集权帝国施行统治的保证。可是另一方面，这一高效率的交通系统又往往被用来为最高统治者穷奢极欲的生活消费服务。《后汉书·和帝纪》记述，当时"南海献龙眼、荔枝，十里一置，五里一候，奔腾阻险，死者继路"。李贤注引谢承《后汉书》也说："（临武）县接交州，旧献龙眼、荔支及生鲜，献之，驿马昼夜传送之，至有遭虎狼害，顿仆死亡不绝。"

杜甫有这样的诗句："忆昔南海使，奔腾献荔支。百马死山谷，到今耆旧悲。"天宝年间，唐玄宗专宠杨贵妃，贵妃嗜食新鲜荔枝，于是"置骑传送，走数千里，味未变已至京师"[2]。诗人杜牧于是有著名的《过华清宫》诗传世：

> 长安回望绣成堆，山顶千门次第开。
>
> 一骑红尘妃子笑，无人知是荔枝来。

---

[1]《后汉书·西域传》。
[2]《新唐书·后妃传上·杨贵妃》。

《新唐书·元稹传》说，明州每年贡奉蚶，"役邮子万人，不胜其疲"。明代又有利用运河水道向北京运送南京特产鲥鱼的冰鲜船，昼夜开行，沿途索冰更换，通过驿传系统提高转运速度。何景明在《鲥鱼》一诗中写道：

> 五月鲥鱼已至燕，荔枝卢橘未能先。
> 赐鲜遍及中珰第，荐熟应开寝庙筵。
> 白日风尘驰驿骑，炎天冰雪护江船。
> 银鳞细骨堪怜汝，玉箸金盘敢望传。

看来，为满足最高统治层奢侈生活需要的鲜活易腐货物的转运，往往都经由效率极高的驿传系统进行。

元代贵族官僚有称作"铺马圣旨"的乘驿凭证。铺马圣旨又称御宝圣旨，颁发给王公贵族和各级官府，以圣旨名义规定起马数目。还有一种称作"圆符"或"圆牌"的专为军情急事遣使之用的乘驿凭证。据现存实物，牌面文字汉译为：

长生天气力里皇帝圣旨：违者治罪。

可见，驿传系统原则上是专为向皇帝负责的公务人员服务的，整个驿传系统是以皇权为极点的专制制度的组成部分。

元代邮驿系统在通行效能优异的另一面，其弊端已经十分明显。

元代统治者经营邮驿系统，起初"本以干办急务，布宣号令"，传递"朝廷军情急速公事"作为基本职能，然而后期"百色所需，全借铺马办集"，一切消费生活需求，大都通过邮驿系统搜集转送。有的权贵甚至"以官员所佩符擅与家奴往来贸易"①。

事实上，在元代，非法侵用邮驿条件以便利私家行旅的情形相当普遍。即使在邮驿法令最为严格的情况下，仍然频繁发生"以私事故选良马驰至死"，"枉道营私"，"访旧逸游"，"枉道驰驿"，"诈改多起马"，"托故稽留他有营"等情形。②此外，又多有"诈称使臣，伪写给驿文字，起马匹舟船者"，"诈传上司言语，擅起驿马者"。③所谓"营私"与"逸游"等事实上的私人行旅活动不受任何约束地骚扰邮驿系统的行为越来越频繁，于是站户负担过重，成为元驿走向衰落的重要原因。

明代驿传系统也出现给驿范围不断扩大，驿政弊端逐渐暴露的倾向。陆粲的《边军担夫谣》写到贵州驿站代役军卒的苦楚：

> 归来息足未下坡，邮亭又报官员过，朝亦官员过，暮亦官员过，贵州都来手掌地，焉用官员如许多！

---

① 《元史·世祖本纪八》。
② 《元史·刑法志二》。
③ 《元史·刑法志四》。

清代康熙年间叶燮题为《军邮速》的诗中，描述了在当时的专制制度下，这种本来效率极高的交通系统，另一方面又成为豪横的强权的象征，而令吏民战栗的情形：

> 昼夜十二时，千二百里程。
>
> 启钥得明光，片纸万里情。
>
> 差池误刻晷，从事以军兴。
>
> 县官闻马来，酒浆筐筥迎。
>
> 吏役闻马来，面色苍黄青。
>
> 百姓闻马来，负担望尘停。
>
> 但求无事宁，安惜弁与缨。
>
> 换马百尔慎，一蹶祸立婴。
>
> 睹兹康庄衢，凛凛赴绝陉。①

Ⅲ 艰难的商路

正如唐诗所谓"生人为害亦相和"，中国古代交通建设对于文化形态与大利相连属的大弊，表现在对平民交通的限制，以致"睹兹康庄衢，凛凛赴绝陉"，商车只能在帝王贵族官僚的车队及驿骑和军车的缝隙中艰难地行进。

---

① 〔清〕叶燮：《纪事杂诗·军邮速》，《清诗纪事·康熙朝卷》。

　　从秦汉时期起，帝王出行就必须追随"千乘万骑"，以规模雄壮的乘舆车队，炫耀至高无上的皇权。《续汉书·舆服志上》记述帝王乘舆制度："乘舆大驾，公卿奉引，太仆御，大将军参乘。属车八十一乘，备千乘万骑。""乘舆法驾，公卿不在卤簿中。河南尹、执金吾、雒阳令奉引，奉车郎御，侍中参乘。属车三十六乘。"豪富权贵也往往乘鲜车，御良马，"出入逾侈，辎辄曜日"①。车骑数量成为地位与财富的标尺。东汉时把握朝柄的宦官，其仆从也"皆乘牛车而从列骑"②。有影响的在野派社会活动家，也往往"出入从车常百余乘"③。从文物考古资料中的汉代画像和汉墓随葬车马的模型，可以形象地看到社会上层人物"车徒甚盛"④，"云行于塗，毂击于道"⑤的出行场面。这些车骑，其实并不实现运输功用，只不过是一种仪仗。在运输能力造成极大浪费的同时，整个社会却因为运输工具的缺乏，广大民众不得不倍受"负担"之苦。对比之强烈，正如《盐铁论·取下》所谓："乘坚策良，列骑成行者，不知负檐步行者之劳也。"

　　秦汉帝国推行抑商政策。秦王朝强行征发贾人和祖、父两代曾有"市籍"者戍边，称为"适戍"。汉武帝时代也曾推行这种制度。汉初还明确规定商人的子孙不能仕宦为吏。

---

① 《后汉书·李固传》。
② 《后汉书·单超传》。
③ 《后汉书·周荣传》。
④ 《后汉书·许劭传》。
⑤ 《盐铁论·刺权》。

抑商方式还突出表现在对商运的限制。刘邦初定天下，就规定"贾人不得衣丝乘车"①。汉武帝行算缗令，征收资产税，"商贾人轺车二算，船五丈以上一算"②，数额超过社会其他人等。《续汉书·舆服志上》还有"贾人不得乘马车"的规定。

　　秦汉驰道制度禁止随意穿行，另外还规定，非经特许，不得行驰道中。汉武帝尊奉其乳母，"乳母所言，未尝不听"，于是"有诏得令乳母乘车行驰道中"。③没有得到这种诏令而擅行驰道中的，要受到严厉处罚。丞相司直翟方进因行驰道中受到劾奏，"没入车马"④。汉哀帝时丞相掾史行驰道中，也被拘止并没入车马。⑤汉武帝时禁令最为严格，馆陶长公主和太子家使行驰道中，都被拦截斥问，扣押入官。⑥当时驰道制度对于一般商民的限制，自然更为严峻。

　　后人追记汉代律令认为有这样的规定："骑乘车马行驰道中，已论者，没入车马被具。"⑦"诸使有制得行驰道中者，行旁道，无得行中央三丈也。"⑧甘肃武威两次出土体现汉代尊老养老制度的汉简王杖诏令册。1981年发现的本始二年

---

① 《史记·平准书》。
② 《史记·平准书》。
③ 《史记·滑稽列传》褚先生补述。
④ 《汉书·翟方进传》。
⑤ 参见《汉书·鲍宣传》。
⑥ 参见《汉书·江充传》。
⑦ 《汉书·江充传》颜师古注引如淳曰。
⑧ 《汉书·鲍宣传》颜师古注引如淳曰。

（前72）诏令简中，有王杖持有者"得出入官府节第，行驰道中"的内容。1959年出土的"王杖十简"中，则写作"得出入官府即（节）第，行驰道旁道"。文字虽然有所更动，原义当不矛盾，证实了"得行驰道中者，行旁道"的说法。看来，当时驰道是路面分划为三的具有分隔带的多车道道路。有三条分行线以区分等级，实际上也适应了行车速度不同的事实。"中央三丈"是禁绝其他任何人通行的所谓"天子道"，后来又称为"御路"。这种交通道路规划体现出等级尊卑关系，充满浓重的专制色彩。

由于民间交通能力的发展，乘马和高速车辆的迅速普及，驰道制度在西汉后期已经受到严重破坏。《盐铁论·刑德》说："今驰道不小也，而民公犯之，以其罚罪之轻也。"实际上"民公犯之"是因，而"罚罪之轻"是果。违禁者众，当权者已无法一一进行严厉处罚。到了汉平帝元始元年（1）"罢明光宫及三辅驰道"[1]，禁行"驰道中"的制度终于宣布废止。

但是，东汉、魏晋仍然有所谓"中道""御道"。曹植就因为"尝乘车行驰道中，开司马门出"[2]而激怒曹操，由此失宠。可能当时又有驰道制度，不过只局限于宫城及附近大道的部分区段，不再全线禁止通行了。

---

① 《汉书·平帝纪》。
② 《三国志·魏书·陈思王植传》。

古代帝王出行时沿途禁绝通行，实行清道戒严，称作"警跸"或"跸路"。跸，又写作躔。《说文·走部》："躔，止行也。"《后汉书·杨秉传》说：

> 王者至尊，出入有常，警跸而行，静室而止。

晋人崔豹《古今注·舆服》说："警跸，所以戒行徒也。《周礼》跸而不警，秦制出警入跸。"而从《史记·梁孝王世家》看，却是"出言跸，入言警"。总之，都是通过断绝道路，限制平民的交通活动，体现出专制帝王对交通设施的专有权和独占权。1688年来到中国的法国神甫张诚，在日记中记述了皇帝出行时令人惊异的场面："圣驾经过的街道全都扫净洒水；城门、店门、通衢市面一概关闭，禁止通行。大道两旁站满士兵，腰悬刀剑，手执净鞭，驱散闲人。皇帝和太子每次出行一概这样办。后妃公主们出行的时候，稽查尤其严密。虽然凤舆都有轿帘遮蔽，可是街道两侧仍用帷幕或席棚隔开。"

《史记·廉颇蔺相如列传》中记述有这样的故事，蔺相如数次在与强敌秦国的外交斗争中不辱使命，维护了赵国的尊严，于是因功拜为上卿，地位超过"以勇气闻于诸侯"的赵国名将廉颇。廉颇以为自己有攻城野战之功，而蔺相如不过以口舌之劳，不甘居于下，公开宣布："我见相如，必辱之。"蔺相如听说以后，从大局出发，事事回避谦让。出行时，望见廉颇，则"引车避匿"。门下舍人为此怨言纷纷。大约当时惯例，行车相遇，地位低下者理应避让地位高贵者。

陕西略阳灵崖寺有宋代淳熙年间的石刻《仪制令》，是我国现存最早的关于交通法规的实物资料。其中规定：

贱避贵；少避长；

轻避重；去避来。

"贱避贵"，体现出交通管理方面的等级制度。古时官员出行，仪仗士卒前引传呼，使行人车马避道，后世又有在队列之前高举"回避"之牌者，也都体现了这种制度。先秦时有"掌执鞭以趋辟"①的专职吏人。汉代主管地方治安的官员出行，也"皆使人导引传呼，使行者止，坐者起"②。唐代诗人韩愈有"偶上城南土骨堆，共倾春酒三五杯。为逢桃树相料理，不觉中丞喝道来"③的诗句，"喝道"，也是与"警""跸"类似的制度。

在这种"贱避贵"的等级制度的作用下，社会地位始终比较低下的商贾的交通活动必然受到明显的限制。

商路之艰难的形成条件，还表现在关禁制度的严酷。

先秦各国已经普遍有设关征税的制度。齐桓公"使关市

① 《周礼·秋官·条狼氏》。
② 〔晋〕崔豹：《古今注·舆服》。
③ 〔唐〕韩愈：《饮城南道边古墓上逢中丞过赠礼部卫员外少室张道士》。

几而不征，以为诸侯利，诸侯称广焉"①，大概是在势力范围扩展到国界之外后，对商品进出口采取优惠政策，兼而又有政治宣传方面的作用，所以可以看作例外。秦穆公曾经"使贾人载盐，征诸贾人"②。云梦睡虎地出土的秦简"秦律十八种"中有《关市》一种。关市，应当是指关和市的税收事务。然而秦简所见律文内容却仅有征收市税的一条，推想关于关税征收，法律也应当有相应的规定。汉初为了恢复经济，曾经开通关梁，汉景帝时又"复置津关"。汉武帝时酷吏宁成任关都尉，一时出入关者有"宁见乳虎，无值宁成之怒"的说法，说明关吏稽察之谨严以及税收之苛重。政府通过关税制度分享私商经济收益的具体情形，可以通过税率得到反映。成书于两汉之际的数学名著《九章算术》"均输"章中保留有关于当时关税税率的珍贵资料，例如：

> 今有人持米出三关，外关三而取一，中关五而取一，
> 内关七而取一，余米五斗。问本持米几何？
> 答曰：十斗九升八分升之三。

又如：

> 今有人持金出五关，前关二而税一，次关三而税一，

---

① 《国语·齐语》。
② 《说苑·臣术》。

次关四而税一，次关五而税一，次关六而税一。并五关所
税，适重一斤。问本持金几何？

答曰：一斤三两四铢五分铢之四。

对持金出关者征税，很可能是主要针对商人的制度。持金一
斤三两多，出五关税金数额竟然高达一斤。这种掠夺性的繁
重的关税，也有可能是特殊地区的特殊赋税政策，并非当时
税率的准确反映，然而多少可以体现当时关税征收遏制商运
的作用。统治者通过超经济的强制手段对商运实行残酷的剥
夺，历朝都不乏其例。唐德宗时，京兆少尹韦桢等就对商民
"搜督甚峻"，"粟麦橐于市者，四取其一"。①《通典·食货十
一》记载："诸道节度使、观察使，多率税商贾，以充军资杂
用。或于津济要路及市肆间交易之处，计钱至一千以上，皆
以分数税之。自是商旅无利，多失业矣。"

除了"通津达道者税之"②而外，还往往对用于运输的
固定资产征收财产税，叫作"算至车船，租及六畜"，或者
"算至舟车，赀及六畜"。在这种政策的作用下，商贾纷纷破
产，社会运输及生产受到影响，以致"船有算，商者少，
物贵"③。

---

① 参见《新唐书·食货志》。
② 《旧唐书·食货志》。
③ 《史记·平准书》。

专制政府抑商政策的主要支柱之一，是禁榷制度，就是某种或某些商业内容严禁私人经营，而完全由政府垄断。

周代初期的齐国已经开始由国家经营鱼盐。西汉时系统地推行盐铁官营制度，"总一盐铁，通山川之利而万物殖"①。为什么选择以盐、铁两种商品作为禁榷制度的主要对象呢？这是因为在自给自足的自然经济占支配地位的时代，生活必需品一般都由消费者自己生产，只有食盐和铁器这两种生活和生产必需的物品，消费者无法自己生产，必须通过交换才能获得。这就是《汉书·食货志下》中所说的："夫盐，食肴之将"，"铁，田农之本"，"非编户齐民所能家作，必仰于市，虽贵数倍，不得不买"。

汉代以后，禁榷制度又得到发展。茶由唐代开始，成为民间相当普及的消费品，所以在唐代的禁榷制度中，茶取得与盐铁相同的地位。宋代禁榷制度除茶之外，又包括了酒、矾、香药宝货等。

专制政府还通过掠夺性的贡赋制度和实行奴役化管理的官营手工业制度进一步缩挤民营商业的通路，使商业的发展受到严重的限制。在集权程度比较高的朝代，政府还把民间运输力量也纳入自己的统治之下。秦汉时期都曾经采用军事化的形式组织大规模的运输活动。秦始皇为加强长城防务，

①《盐铁论·轻重》。

"使天下蜚刍挽粟"，从滨海之郡出发，"转输北河，率三十钟而致一石"①。汉武帝通西南夷道，"千里负担馈粮，率十余钟致一石"②。当时有"甲士死于军旅，中士罢（疲）于转漕"，以及服役者"强者执戟，羸者转运"的说法。汉武帝实行"均输""平准"政策，对运输活动和商业经营进行统筹管理，一方面减少了重复运输、过远运输、对流运输等不合理运输，另一方面，也使民营商业运输业原有的活力受到压抑。

商业活动对于文化发展有着明显的积极作用。在自然经济占支配地位的封建社会中，商品经济和商业的发展，是整个社会经济发展变化的起点，也是使整个社会文化形态焕发强大生命力的激素。马克思在《政治经济学批判》中指出："最先辉煌地发展起来的独立商业民族或城市，从事转运贸易，这种贸易是以从事生产的民族的野蛮状态为基础的。这些商业民族或城市在这些生产民族之间起着中间人的作用。"③中国古代的商人也同样是在交通条件极不完善的情况下，不避尘露，跋山涉水，周行天下，从事带有相当大风险的贩运活动。《管子·禁藏》说"商人通贾，倍道兼行，夜以续日，千里而不远"，《墨子·贵义》也说"商人之四方，市贾信徙，虽有关梁之难，盗贼之危，必为之"。他们以交通能动性方面的优势，成为各民族、各地区文化联系的"中间人"。

---

① 《史记·平津侯主父列传》。
② 《史记·平准书》。
③ 《马克思恩格斯全集》第36卷，人民出版社2015年版，第19页。

商业活动对于交通发展有时具有开拓之功。张骞西行到达大夏，在那里惊奇地看到蜀地出产的蜀布和邛竹杖，问何以来，答道："从东南身毒国，可数千里，得蜀贾人市。"又听说"邛西可二千里有身毒国"，即有道路通达今印度地方，于是汉武帝才决意开通西南夷道，期求打通与身毒间的交通路径。这条被称为"西南丝绸之路"或"永昌道"的古代国际通道，最初是由商人所开拓的。

唐代诗人白居易著名诗作《琵琶行》中，所谓"商人重利轻别离"，体现出他们反传统的性格特征。商人生活多历磨难，又工于算计，因而往往强韧而多机谋。中国历史上曾经有出身商人者成为有作为的杰出政治家的先例，如管仲、吕不韦、桑弘羊等。唐末大起义的领袖黄巢，就"本以贩盐为事"①，风险生涯和江湖经历，使得他具备了敢于与朝廷压迫抗争的胆略和勇力。黄巢起义军空前绝后的大规模流动作战的特点，也应当与他自身经历所塑造的心理资质有关。事实上，历来具有反官府倾向的地下社会组织往往附着于商业经济实体。然而，从历史的宏观角度来看，商人反正统的文化特质对于我们民族文化整体面貌的影响，依然是非主流的。这是由自然经济与专制政治的无比强大所决定的。

《水经注·河水》中有这样的故事，"皇魏桓帝十一年，西幸榆中，东行代地，洛阳大贾赍金货随帝后行，夜迷失

---

① 《旧唐书·黄巢传》。

道"，于是往投管理津渡的吏员"津长"。津长送他渡河，不想贾人猝死。津长埋葬了他。后来贾人之子寻求父丧，发冢移尸，发现"资费一无所损"。他要把这些财物奉送给津长，津长坚辞不受。皇帝听说此事，赞叹说：君子也！于是云中城西南二百余里的这一处黄河津渡就被命名为"君子济"。这个故事，当然可以作为古代的"德"，即现代语言所谓"精神文明"的例证，其实也许反映了内地和边地对于商品和金钱的不同认识，然而更能够引起我们注意的，则是洛阳大贾"赍金货随帝后行"的事实。其直接的因素可能是出于对安全的考虑，可是商车尾随帝王乘舆和卫队的车列而行，确实可以说体现了中国古代商运与政治、军事交通之间的关系。

第三章

从甘英叹海
到郑和回帆

南风吹雨片帆斜，万叠山青满剌加。

欲问前朝封贡事，更无人说故王家。

〔清〕丘逢甲：《舟过麻六甲》

Ⅰ 汉唐海外交通

宋代大文学家苏轼由于在复杂的政治争斗中处于失利地位，曾经被贬斥到惠州（今广东惠州）、琼州（今海南海口）任职。这位出生在群山围护之中的四川眉山的一代"奇才"，可能正是在这一时期才得以第一次临渡南海，亲身感受到了海洋的宏伟远阔。

苏轼在这一时期的诗作，多有赞叹大海伟丽雄奇的名句。例如，他在《儋耳》一诗中为我们留下了这样的诗句：

垂天雌霓云端下，快意雄风海上来。

诗人呼吸着雄劲的海风，感受着一种在内陆未曾体验到的激烈壮怀。我们还可以看到，他在作品中记录的有些情感，其实是在海上交通实践过程中产生的。例如《六月二十日夜渡海》：

> 参横斗转欲三更，苦雨终风也解晴。
> 云散月明谁点缀，天容海色本澄清。
> 空余鲁叟乘桴意，粗识轩辕奏乐声。
> 九死南荒吾不恨，兹游奇绝冠平生。

诗人以为"南荒"虽然僻远，然而"渡海"之游堪称"奇绝"，足以压倒"平生"一切行旅经历。他以为可以死而"不恨"的，当然绝不仅仅是观览到所谓"云散月明"，所谓"天容海色"，而很可能是因为通过前所未有的交通经历，体验了一次难以忘怀的精神壮游。

海上交通的艰险，很早就使人们产生了一种危惧感，一种神秘感。

可能源生于远古的"精卫填海"神话，就象征着某次海上交通的失败。《山海经·北山经》：

> 又北二百里，曰"发鸠之山"，其上多柘木。有鸟焉，其状如乌，文首、白喙、赤足，名曰"精卫"，其名自叫。是炎帝之少女名曰"女娃"，女娃游于东海，溺而不返，故为"精卫"，常衔西山之木石，以堙于东海。

"精卫填海"故事的文化内涵，或许可以理解为于"游于东海，溺而不返"的挫败之后，对交通困难的继续抗争。

环太平洋地区早期文化基本因素的相近，暗示近海航道的开通可能已经有非常久远的历史。

当周王朝衰落之后，在华夏文明的中心区域，文化传统最为深厚的中原地区，优势地位逐渐减退，而在中原的周边地域，却崛起了各个强国。如《荀子·王霸》所说，"虽在僻陋之国，威动天下，五伯是也。"齐、晋、楚、吴、越，"皆僻陋之国，威动天下，强殆中国"。而关于"五伯"即"五霸"的有的说法，是包括秦国的。这些后来得以取得优胜地位的强国之中，只有秦国是真正距海甚远的内陆国。

秦国民俗，表现出急峻、务实的特色。

我们可以看到，濒临海域的诸国，文化风格则具有疏阔、浪漫的色彩。正是这些国家，对于秦人的东进，进行了最顽强的抗争。燕国有荆轲行刺的壮举，楚国迎击了六十万秦军，齐国苦力坚持，是六国中最后灭亡的国家。

秦国最终击败六国，实现了统一，有许许多多的原因，然而给人以极深印象的历史事实是，秦始皇在完成大一统的事业后不久，就急匆匆东巡海上，开襟迎向那清新的海风。他沿渤海海岸巡行，在琅邪"大乐之"，居留长达三个月，此后又三次东巡至于海滨。①

---

① 参见王子今：《略论秦始皇的海洋意识》，《光明日报》2012 年 12 月 13 日第 11 版。

正是在秦始皇时代，开始了在航海史上具有重要意义的大规模的所谓"入海求仙人""入海求神药"的运动。①

大海对于生活在河渭黄土地区的人来说，充满着神秘感。汉高祖刘邦出身楚地，汉并天下后定都关中。然而到了胸怀宏图的汉武帝当政的时代，帝车的轮声又隆隆响彻太平洋西岸。从47岁到68岁之间，他先后八次东巡海上。汉武帝的姓名之所以被载入航海史中，还在于他组织了强大的水上舰队——楼船军。汉帝国的海军曾渡海作战，由齐地向朝鲜，又由会稽南下征伐闽越，由句章浮海击东越。海上通航的水平，还体现在贡赋已经经由海路。有记载说，交趾七郡的贡献转运，都由东冶泛海而至，"风波艰阻，沈溺相系"②。

汉初，吴王刘濞凭借沿海经济优势取得"实富于天子"③的地位。从考古资料看，以番禺（今广州）为统治中心的南越政权也具有雄厚的经济实力。根据《汉书·地理志下》的记载，西汉时期南海航路已经可以抵达已程不国，即今斯里兰卡。海上贸易的发展，促进了沿海地区的繁荣。广州、合浦汉墓出土大量的玛瑙、琉璃、琥珀等装饰品，据分析很可能来自海外。东汉时期，中国和天竺（印度）间的海上联系始终畅通，海路成为佛教影响中国文化的重要入口。据《后汉书·西域传》记载，汉桓帝延熹九年（166），有"大秦王

---

① 参见《史记·秦始皇本纪》。
② 《后汉书·郑弘传》。
③ 《汉书·枚乘传》："夫吴有诸侯之位，而实富于天子。"

安敦遣使自日南徼外献象牙、犀角、玳瑁"。大秦当指罗马帝国，安敦可能是公元161—180年在位的罗马皇帝马可·奥勒留·安敦尼。当时，大秦与汉帝国的陆上交通由安息阻断，于是谋求通过海路直接与汉帝国进行贸易。安敦遣使抵达中国，标志着这条海上丝绸之路终于开通。

当时，以汉朝为代表的东方文化和以罗马为代表的西方文化，是世界文明的双肩。海上航线的开通，形成了汉与罗马两个当时的超级大国，东方与西方两个文化系统相互认识、相互交流的伟大的历史契机。

广州及广西贵县、梧州等地汉墓中出土的形象有异于汉人的陶俑，也可以作为汉代南洋、西洋海运的实物见证。这类陶俑或手托灯座或头顶灯座，也有的侍立，形象一般均为深目高鼻，颧高唇厚，下颌突出，从刻画的胡须及胸毛看，毛发发达，有人认为与印度尼西亚的土著居民"原始马来族"接近。这些陶俑的服饰特点是缠头、绾髻、上身裸露或披纱，侍俑均为女性，下体着长裙，这些都与印度尼西亚某些土著民族的风习相似。但是从深目高鼻这一体态特征看，又似乎更有可能是取象于来自西亚或东非的奴隶。

随着汉代海上交通的发展，在南亚和东南亚许多国家留下了大量汉文化遗物。除了分布极广的汉代货币五铢钱，在印度尼西亚苏门答腊、爪哇和加里曼丹的一些古墓中曾出土中国汉代陶器。苏门答腊出土的一件陶鼎，底部有汉元帝初元四年纪年铭文。

汉代东洋航运也得到突出的发展。汉武帝时朝鲜置郡，使汉文化越过海域传播到这一地区。朝鲜许多遗址都曾出土汉代文物。日本长期盛行徐福传说，认为秦始皇时代的方士徐福率童男童女寻找海上三仙山，漂流到了日本。这一传说长期流传的背景，是日本文化在绳文时代末期到弥生时代初期这一阶段，发生了空前的飞跃。有的学者指出，发生这种突变的直接原因，是大量外来移民由中国大陆直接渡海或经由朝鲜半岛来到日本，带来了中国的先进文化。

《汉书·地理志下》中已经出现关于"倭人"政权的记述：

乐浪海中有倭人，分为百余国，以岁时来献见云。

这些以北九州为中心的许多小的部族或国家，与中国中央政权之间已经开始了正式的往来。《后汉书·东夷列传》中为"倭"立有专条。其中说道，自汉武帝灭朝鲜后，已经有三十余国与汉帝国通交。成书年代更早，因而史料价值高于《后汉书·东夷列传》的《三国志·魏书·倭人传》中关于倭人的内容多达两千余字，记述三十余国风土、物产、方位、里程，已经相当详尽。《后汉书·东夷列传》说，光武帝建武中元二年（57），"倭奴国奉贡朝贺"，"光武赐以印绶"。1784年在日本福冈市志贺岛发现的"汉委奴国王"金印，证实了这一记载。

三国时期，孙吴政权的海上交通活动相当活跃。吴国多次派遣船队与割据辽东的公孙氏联络，还曾航海远至鸭绿江流域的高句丽国。公元230年，孙权特派将军卫温和诸葛直率甲士万人航海探寻传说中徐福留居的亶洲和夷洲，到达了台湾岛。吴国使者朱应和康泰还航海南行至于林邑、扶南等国，行踪到达今柬埔寨、越南南部以及南洋诸岛。

东晋末年，高僧法显由长安出发，西行天竺求法，后航海东归，历时一年，于公元412年抵达山东胶州湾口的牢山（即崂山）。他的旅行记录《法显传》中有关航海生活的内容，是我国最早的较为详细的航海行记。东晋、南北朝时期，有许多商船和佛教僧侣往来于中国和南洋诸岛及印度之间，据《宋书·夷蛮传》记述，"商货所资，或出交部，泛海陵波，因风远至"，形成"舟舶继路，商使交属"的盛况。

《新唐书·地理志》附录有唐代著名地理学家贾耽所叙述的唐帝国交通四方邻国的七条主要路线，其中两条是海上交通线，即北行的"登州海行入高丽、渤海道"和南行的"广州通海夷道"。北行海路的终点，到达唐恩浦口（今韩国仁川南）。由此登陆向东南，可以到达新罗王城（今韩国庆州）。南行海路则经过马来半岛南端、苏门答腊岛、斯里兰卡、南印度、波斯湾，由幼发拉底河上航到巴士拉，再经陆路可到达大食的都城缚达城（今巴格达）。贾耽记述了唐代中叶东方的唐帝国与西方的阿拉伯帝国之间海上交通的航程。当时南洋一带还有真腊（今柬埔寨）、骠国（今缅甸卑谬地区）、婆利（今巴厘岛）、丹丹（在今马来半岛）等国和唐朝有海上交通关系。

南海诸国古时又称"昆仑"。《南齐书·荀伯玉传》记载，张景真"与昆仑舶营货，辄使传令防送过南州津"。《北齐书·魏收传》也写道，"遇昆仑舶至，得奇货猥然褥表、美玉盈尺等数十件"。昆仑，一般泛指今天的中南半岛南部及南洋诸岛，当地居民也被称为"昆仑"。西晋孝武文李太后原本是宫女，在织坊中劳作，由于"形长而色黑，宫人皆谓之昆仑"[①]。《旧唐书·南蛮传·林邑》记载："自林邑以南，皆卷发黑身，通号为'昆仑'。"唐代豪门富户以南海国人为奴，称为"昆仑奴"。《太平广记》卷三三九"阎敬立"中的"皂衫人"、袁郊《甘泽谣》中"陶岘"故事里的"摩诃"，都是勇健侠义的昆仑奴。裴铏所撰传奇《昆仑奴》，说崔生家中昆仑奴磨勒，为主人设计与情爱甚笃的红绡妓私相约见，又"负生与姬而飞出峻垣十余重"，逃出深宅。这一故事后来又改编为《红绡杂剧》与《昆仑奴杂剧》，流传极广。

唐代著名高僧义净往天竺取经，往返都由海路。他将自己的远航经历，写成《大唐西域求法高僧传》一书，其中还综合叙述了唐代其他西行求法僧人约六十人的传记。比义净晚半个多世纪，又有鉴真东渡日本传法。在公元743—753年之间，鉴真六次试图冒险东渡日本，第六次才克服重重困难，终于获得成功。日本有真人元开撰《唐大和上东征传》，记载了鉴真航海的经过。

[①]《晋书·后妃传·孝武文李太后》。

　　汉唐时代，是中国文化正蓬勃兴盛，领先于世界的时代。当时海上交通也取得了突出的发展。不过，这个东方帝国还远未成为航海大国，它的航海活动无论从其规模、频率及对自身的文化影响等各方面来说，都无法与地中海世界相比。公元前210年，秦始皇最后一次出巡，东行至于海上，"梦与海神战，如人状"，询问占梦的侍从，有博士回答说：水神不可见，以大鱼蛟龙迎送宾客，皇帝祷祠已经无比虔敬，而竟然遇此恶神，应当除去，这样才能见到善神。于是命令入海者携带捕捉大鱼的械具，亲自手持连弩候大鱼出而射之。从琅邪北行至荣成山，皆无所见。到之罘后，"见巨鱼，射杀一鱼"[①]。秦始皇这种对海上风物既衷心向往，又满怀疑惧，然而敢于探索的情形，可以说超越了中华帝国许多代最高执政者。

　　东汉和帝永元九年（97），都护班超派遣甘英出使大秦。甘英来到条支，"临大海欲度"，而安息西界船人对甘英说"海水广大，往来者遇顺风也需三个月才能横渡，如果风向不利，也有经行两年者，所以入海者都要携带三年的口粮。海中航行，常常使人思土怀乡，中途死亡的人相当多"，甘英"闻之乃止"。[②]甘英西行，临大海而止，难免令后人扼腕怅叹。

---

① 《史记·秦始皇本纪》。
② 《后汉书·西域传》"安息"条。

Ⅱ 零丁洋里叹零丁

王莽曾经策划建设东都。①东汉开国皇帝汉光武帝刘秀定都洛阳。唐代中期，洛阳已经成为仅次于长安的准政治中心。五代除后唐建都洛阳外，都建都于汴（今河南开封）。北宋定都开封，南宋迁于临安（今浙江杭州）。政治文化中心逐渐东迁，所谓"长安自古帝王都"已经成为遥远的故事。

随着经济文化重心的东移，海运有了新的发展。

宋代受到西北的西夏和辽、金的压迫，陆上边境逐步紧缩，通往西域的陆路被截断，于是只得取道海上发展对外交通。当时政府在通商海港设立市舶司、市舶务和市舶场等机构，管理通商，保护外侨。南宋时的杭州，"江帆海舶，蜀商闽贾，水浮陆趋"②。明州等海港也是"风帆海舶，夷商越贾"纷至，"海陆珍异所聚，蕃汉商贾并凑"。③

不过，当时经营中外贸易的，以蕃商来华居多，进口货物，又以"诸蕃香药宝货"为国家垄断财货大宗，禁止"私相贸易"。④政府追逐"南海""市舶之利"⑤而积极鼓励海上

---

① 参见王子今：《西汉末年洛阳的地位和王莽的东都规划》，《河洛史志》1995 年第 4 期。
②《舆地纪胜》卷二。
③《舆地纪胜》卷一一。
④《宋史·食货志下八》"互市舶法"条。
⑤《旧唐书·郑畋传》。

贸易。这种贸易活动，并没有能够明显增强国家的实力。立
国于广东地区的南汉，还曾"以兵入海，掠商人金帛"，以海
盗手段聚敛财富。国主刘鋹"与宫婢波斯女等淫戏后宫，不
复出省事"①，"鋹日与宫人、波斯女等游戏"②，也说明在专
制制度下，外来文化影响往往局限于帝王享乐生活。宋军攻
入南汉，即将亡国之时，刘鋹"以海舶十余""悉载珍宝、嫔
御"，准备由海路出逃。③一方面宋代海运已经有明显的历史
进步，另一方面，宋高宗定都临安，也是因为位置近海，便
于在战事紧张时由海路逃避。公元1129年，在金兵追击下，
他果然登海船出逃，在海上漂流了几个月。公元1276年，元
军南下，宋末二王赵昰、赵昺航海播迁，飘泊流离于沿海诸
岛间。公元1279年，元军进攻他们最后的据点厓山，宋军全
军覆灭，宋亡。航海不是为了进取，而只作为逃亡的手段，
而国家也最终沦亡在海船之上，不能不说是宋帝国航海事业
的悲剧。宋丞相文天祥被俘，另一位曾任丞相的陈宜中则乘
海航之便，逃到占城（今越南中南部），后来又逃往更远的暹
国（今泰国境内）。文天祥被押解往元大都，囚船行经广州口
外的零丁洋时，写下了这样的诗篇：

辛苦遭逢起一经，干戈落落四周星。

---

① 《新五代史·南汉世家·刘晟》，《新五代史·南汉世家·刘鋹》。
② 《宋史·世家四·南汉刘氏》。
③ 参见《新五代史·南汉世家·刘鋹》。

> 山河破碎风抛絮，身世飘摇雨打萍。
>
> 皇恐滩头说皇恐，零丁洋里叹零丁。
>
> 人生自古谁无死，留取丹心照汗青！①

这首诗的最末一句成为千古传诵的壮歌，而"惶恐""零丁"之句透露出的诗人对南宋覆亡道路与方式的感叹，也是发人深思的。

元代海上交通有新的发展，海上贸易得到恢复，又开通了将江南粮食由海路北运到元大都（今北京）的"海运"。"延祐（1314—1320）以来，各运海船大者八九千石，小者二千余石，以是海道富盛，岁运三百六十万石供给京师。"②

元人汪大渊曾两次由泉州出航远游，行踪遍及南海及印度洋地区，他将亲身经历写成《岛夷志略》一书，书中列出专条记载的国名和地名多达99条。其中最远的，到达阿拉伯半岛和非洲东海岸。元人周达观曾奉命随使出行真腊（今柬埔寨），在当地居住一年后，又航海回国，作《真腊风土记》一书集录见闻，其中也说到航海往返的情形。

公元1274年和1281年，元帝国两次出兵日本。第一次战舰900艘，由朝鲜半岛渡海进攻日本。第二次分两路，高丽制作的900艘战舰由朝鲜半岛南端出发，江南制作的3500艘战舰由

---

① 〔宋〕徐自明撰，王瑞来校补：《宋宰辅编年录校补》，中华书局1986年版，第1809页。
② 《海道经》。

庆元出发，会攻日本。结果以元军的惨败而告终，"十万之众得还者三人耳"①。元军对爪哇的战事动用海船千艘，对占城的战事动用海船百艘、战船二千五百艘，都没有取得明显的效果。

明代海上交通，以郑和下西洋最负盛名。

据《明史·郑和传》记述："（明）成祖疑惠帝（即建文帝）亡海外，欲踪迹之，且欲耀兵异域，示中国富强。永乐三年六月命（郑）和及其侪王景弘等通使西洋。将士率二万七千八百余人，多赍金币。造大舶，修四十四丈，广十八丈者六十二。自苏州刘家河泛海。"郑和的船队，一说"巨舶百余艘"，一说海船280艘。

郑和奉命出使海外，从永乐三年（1405）到宣德八年（1433）这28年之间，统率着浩荡的船队七下西洋，行踪所至，几乎遍及东南亚的重要岛屿，西越印度洋，远抵波斯湾、阿拉伯半岛，以至于非洲东海岸。郑和亲身所历，大约三十余国。郑和下西洋，是世界文明史上的一件大事。明代中叶以后，许多文人学士，在他们的笔记、日记、小说之中，记录了不少关于郑和"通番事迹"的传闻。郑和下西洋的故事，上至宫廷，下至民巷，都广为流传。钱曾《读书敏求记》中写道："盖三保下西洋委巷流传甚广，内府之剧戏，看场之平话，子虚亡是，皆俗语流为丹青耳。"②明代中叶以后，内府

---

① 《元史·外夷传·日本》。
② 〔明〕巩珍著，向达校注：《西洋番国志》，中华书局2000年版，第223页。

梨园也演出三保太监下西洋的木偶戏。明代杂剧中，有《奉
天命三保下西洋》的剧目。明万历年间，罗懋登所著百回本
小说《三宝太监西洋记通俗演义》也已刊行。

梁启超在《祖国大航海家郑和传》中说道："我国大陆国
也，又其地广漠，足以资移殖，人民无取骋于域外，故海运
业自昔不甚发达。"虽然有远古以来至于秦汉六朝航运的发
展，然而"唐宋以还，远略渐替，我航业不振者垂数百年，
及明代而国民膨胀力，别向于一方面"。他注意到："西纪一
千五六百年之交，全欧沿岸诸民族，各以航海业相竞。""自
是新旧两陆、东西两洋，交通大开，全球比邻、备哉灿烂，
有史以来，最光焰之时代也。"他指出："而我泰东大帝国，
与彼并时而兴者，有一海上之巨人郑和在。"

1492年，意大利航海家哥伦布率领在西班牙国王支持下
组成的船队，踏上了美洲的土地。1521年，葡萄牙航海家麦
哲伦越过太平洋，抵达菲律宾，完成了第一次环球航行。

1500年以前，文明基本上以大陆为中心，海上联系的作
用相对不太重要。然而在欧洲人地理大发现的航行之后，各
大陆间建立起直接的海上联系。历史舞台扩大了。

新航路的开辟导致大航海运动的兴起，并且预告了世界
史上一个新时代的来临。"随着15世纪中叶以后欧洲以外的世
界的发现，资产阶级得到了一个更广大得多的通商区域，从

而也得到了发展自己工业的新刺激。"①"由于开拓了世界市场，使一切国家的生产和消费都成为世界性的了。""由于交通的极其便利，把一切民族甚至最野蛮的民族都卷到文明中来了。"②

然而，郑和下西洋的历史背景、社会基础都与此完全不同。因此，富丽宏大的宝船七度往返，对于历史发展进程却未能形成诸如欧洲导致地理大发现的航行那样的影响。

郑和下西洋这样大规模的航海活动，并不是以资本原始积累的需求为动力，并不是为新兴的生产方式寻求新的物资资源，而是由政治动因所促使，从根本上说，是为封建皇权服务的。

与代表着生机勃勃的新的生产力的西方航海家不同，郑和的船队以"宣示威德"为航行目的。明成祖朱棣即位之初，就声称："帝王居中，抚驭万国，当如天地之大，无不覆载。"郑和航海，实际上是以这一思想为指南针的。马欢为纪念郑和航海历程所作的《纪行诗》中所谓"俯仰堪舆无有垠，际天极地皆王臣。圣明一统混华夏，旷古于今孰可伦"，就是郑和船队出航目的的最好的注脚。于是，才有种种金钱宝物"屡用以颁赐外蕃"，贸易活动也往往"厚往薄来"。各国"惮

---

① 《卡尔·马克思》，《马克思恩格斯选集》第三卷，人民出版社2012年版，第723页。
② 《共产党宣言》，《马克思恩格斯选集》第一卷，人民出版社2012年版，第404页。

其兵威，且贪中国财物，莫不稽颡称臣，厚礼使者"①，然而"及郑和之战舰由南洋撤回时，诸小国及散居各处之岛屿，亦皆立即瓦解，而恢复其往昔互相内讧之状态焉"②。这些地区，大多很快就成为西方列强的殖民地。

郑和是作为皇帝的宠信之臣而受领出海之命的。明成祖朱棣是一个好大喜功的帝王，即使如此，他的动摇也造成郑和出航计划的严重挫折。在郑和六下西洋后不久，他就颁下数令宣布"往诸番国宝船""暂行停止"。明仁宗洪熙元年（1425）再度下诏停罢下西洋诸番国宝船。明宣宗在位期间，郑和一度退守南京，无所作为，达五六年之久。对于文化发展有极重大意义的航海事业，能否成行最终为专制帝王一己私见所左右，这也是郑和出航历史局限性的症候之一。

正是由于这些决定性的原因，虽然"自（郑）和后，凡将命海表者，莫不盛称（郑）和以夸示外蕃"③，却无人再振兴郑和的事业，"郑和之后，竟无第二之郑和"④，再没有其他航海方面的业绩值得中国人向海外"盛称"和"夸示"了。以致中国曾长期表现出一定优势的航海事业，经过郑和下西洋这最后一个突起的高峰后，很快就坠入深谷。到了西方列强打开东方的大门，一队队炮舰驶入中国的海域和内河时，

① 《明史·杨士奇传》。
② 〔美〕奚尔恩：《远东史》。
③ 《明史·郑和传》。
④ 梁启超：《祖国大航海家郑和传》。

紫禁城里的皇帝依然沉迷在"居中夏而治四方""居中国而治四夷""四方朝贡""四海永清"①的梦境中，于是演出了一幕幕令人哀痛凄怆的历史悲剧。

Ⅲ 自我窒息的"海禁"政策

"快意雄风海上来"的名句，简直就像是对 16 至 17 世纪世界形势的一种预言。

在这一时期，海上航运的空前发展，把世界推向新的时代。资本主义生产方式，正是借着强劲的海风，鼓起了驶向新的文明的风帆。

马克思和恩格斯在《共产党宣言》中说："美洲的发现，绕过非洲的航行，给新兴的资产阶级开辟了新的活动场所。"由美洲的发现所准备好的世界市场，"使商业、航海业和陆路交通得到了巨大的发展。这种发展又反过来促进了工业的扩展，同时，工业、商业、航海业和铁路愈是扩展，资产阶级也愈是发展，愈是增加自己的资本，愈是把中世纪遗留下来的一切阶级都排挤到后面去"。

然而，与此同时，雄踞东方的中华帝国却采取了与西方截然相反的"海禁"与"闭关"的政策。

---

① 《应天府志·府境》，马蓉等点校：《永乐大典方志辑佚》，中华书局 2004 年版，第 401 页。

元末明初，倭寇成为沿海的大患。中国"船敝伍虚"，于是"及遇警，乃募渔船以资哨守。兵非素练，船非专业，见寇舶至，辄望风逃匿，而上又无统率御之。以故贼帆所指，无不残破"。有时"诸倭大举入寇，连舰数百，蔽海而至"，"滨海数千里，同时告警"。①明王朝建立之后不久，在加强海防的同时，采取了与唐、宋、元三代鼓励海上贸易相反的政策，实行"海禁"，禁止民间的海外通商活动，宣称"片板不准下海"。专门管理海上贸易活动的机关市舶司时罢时设，即使设置，也仅仅主管接待海外番国朝贡附带货物的交易者，对于本国商人航海出国则严加禁绝。

洪武年间，曾"申禁人民无得擅出海与外国互市"，严禁"军民人等擅造二桅以上违式大船，将带违禁货物下海，前往番国买卖"，违者处斩，全家发边卫充军。②除了持有官方所发的准许出海的号票文引的船只外，严禁民间船只下海通商。在郑和率领船队下西洋期间，海禁曾略微放松，但随着郑和远航活动的结束，远航本身也受到统治阶层内一部分人的强烈责难，海禁又变得更为严厉。

嘉靖二年（1523）五月，代表不同藩侯的两名日本贡使为争夺合法地位而在浙江宁波发生争斗，以致所过焚掠，最后夺船出海。明朝廷为此提出"闭关绝贡，振中国之威，寝

---

① 参见《明史·外国传三·日本》。
② 参见《明太祖实录》。

狡寇之计"①的议案。而在此一年之前，麦哲伦的船队刚刚完成了第一次环球航行。此后，明中央政府更进一步严申海禁，"海舶但双桅者，即捕之。所载即非番物，以番物论，俱发戍边卫。官吏军民知而故纵者，俱调发烟瘴"。又命令："兵部其亟檄浙、福、两广各官督兵防剿，一切违禁大船，尽数毁之。自后沿海军民私与贼市，其邻舍不举者连坐。"②嘉靖二十五年（1546），又再次重申："凡双橹馀艎，一切毁之，违者斩。"③然而正是在此前不久，英国造出了排水量达到1500吨的16世纪初最大的战船"亨利·格雷泽·德·杜"号（即"大哈利"号）。

在明朝政府这种严酷的海禁政策的统治下，造船和航运的正常发展都受到暴烈的摧残。当时出现了兼有水上武装的违禁经营海外贸易的商人。他们铤而走险、冒死求利，虽然使中国历史悠久的航海事业不绝如缕，可是其航运规模和实际效益与西方自由贸易相比，已经微不足道。有的最终还沦为真正的海盗。明人谢杰就曾经说："寇与商同是人，市通则寇转为商，市禁则商转为寇。"④

清王朝实行对全国的统治后，由于清初东南沿海的反清力量比较强大，而且具有航海力量上的优势，因而清政府仍

---

① 《明史·外国传三·日本》。
② 《明世宗实录》。
③ 《明史纪事本末》。
④ 〔明〕谢杰：《虔台倭纂》。

旧推行海禁政策，封锁海域，凡汉人出洋即被称为"自弃王化"，一律斩首。顺治十八年（1661），清政府为了孤立在台湾的郑成功的抗清势力，防止其向大陆发动攻势，进一步颁行所谓"迁海令"，强行命令北起渤海湾，南到广东惠州、连州一线的沿海居民一律内迁30至50里。据江日升的《台湾外纪》卷一二记载，当时清朝政府下令"将所有沿海船只悉行烧毁，寸板不许下水"，"违者死无赦"。例如福建晋江安海，就呈现出一派凄惨至极的状况，"丙申（1656）焚毁，化为灰烬；辛丑（1661）迁界，鞠为茂草。无屋可居，无田可种。老弱转死沟壑，壮者散居外乡。杼空南国，霜招雪窖之魂；泪洒西郊，露冷迁民之骨"[①]。商船民船一律严禁下海航行，这对于海上交通事业无疑是严重的打击。康熙二十二年（1683）统一台湾，次年宣布停止海禁，开放直隶、山东、江南、浙江、福建、广东各省的海岸。但这种所谓"开海"，还是规定了种种限制，例如出海贸易、捕鱼，仍然限令只能使用五百石以下的船只，梁头不得超过一丈八尺，同时还要进行登记、缴纳税款等。

清政府宣布停止海禁后，设立粤海（广州）、闽海（漳州）、浙海（宁波）、江海（云台山）四榷关，处理对外商务。乾隆二十二年（1757）下令关闭其他所有开放的通商港口，只保留广州港与国外通商。作出这一决策的出发点是广州远

---

① 〔清〕陈梦弼：《安海清丈记》。

离北京，即使发生意外，不致对京师造成直接威胁，而且广州有虎门等炮台，防务设施较其他海港完备。乾隆在上谕中说："虎门、黄埔设有官兵，较之宁波可以扬帆直达者，形势亦异。"①这种只保留一个口岸的局面一直维持了八十多年，直到鸦片战争爆发，天朝上国的大门被西方军舰的大炮轰开。

乾隆五十八年（1793），英使马戛尔尼来华，提出通商和互派使节的要求，被清政府以"与天朝体制不合，断不可行"，"天朝物产丰盈，无所不有，原不借外夷货物以通有无"②而回绝。嘉庆二十一年（1816），英国再次提出通商贸易，清王朝仍是以"天朝不宝远物"，"嗣后毋庸遣使远来，徒烦跋涉，但能倾心效顺，不必岁时来朝始称向化"③，再次加以拒绝。

"一个人口几乎占人类三分之一的大帝国，不顾时势，安于现状，人为地隔绝于世并因此竭力以天朝尽善尽美的幻想自欺。这样一个帝国注定最后要在一场殊死的决斗中被打垮：在这场决斗中，陈腐世界的代表是激于道义，而最现代的社会的代表却是为了获得贱买贵卖的特权——这真是任何诗人想也不敢想的一种奇异的对联式悲歌。"④"英国的大炮破坏了皇帝的权威，迫使天朝帝国与地上的世界接触。"马克思还

---

① 《国朝柔远记》。
② 《乾隆敕谕》。
③ 《嘉庆敕谕》。
④ 《鸦片贸易史》，《马克思恩格斯选集》第一卷，人民出版社 2012 年版，第 804 页。

写道："与外界完全隔绝曾是保存旧中国的首要条件，而当这种隔绝状态通过英国而为暴力所打破的时候，接踵而来的必然是解体的过程，正如小心保存在密闭棺材里的木乃伊一接触新鲜空气便必然要解体一样。"①马克思所指出的面对世界"现代的社会"的中国的历史走向，终于演成由"隔绝""密闭"到"必然""解体"的辛酸的历史悲剧。

根据《粤海关志》卷二四的记载，可以将1749年至鸦片战争前夕间9个十年之中外国商船由全国唯一的通商口岸广州进口的统计数字列如下表：

年度	外国商船进口数（艘）
1749年至1758年（乾隆十四年至乾隆二十三年）	171
1759年至1768年（乾隆二十四年至乾隆三十三年）	204
1769年至1778年（乾隆三十四年至乾隆四十三年）	299
1779年至1788年（乾隆四十四年至乾隆五十三年）	449
1789年至1798年（乾隆五十四年至嘉庆三年）	548
1799年至1808年（嘉庆四年至嘉庆十三年）	769
1809年至1818年（嘉庆十四年至嘉庆二十三年）	783
1819年至1828年（嘉庆二十四年至道光八年）	890
1829年至1838年（道光九年至道光十八年）	1177

可见，外船进口数几乎是逐年增加的。其中最高的一年是1836年，达199艘，这与"国朝设关之初，番舶入关者，仅二十余柁"的情形②相比较，无疑发生了巨大的变化。

---

① 《中国革命和欧洲革命》，《马克思恩格斯选集》第一卷，人民出版社2012年版，第780—781页。
② 〔清〕梁廷柟：《粤海关志》卷二五。

清代历史学家赵翼《檐曝杂记》一书有"西洋船"一节，说到当时西方远洋商船的形制：

> 桅竿高数十丈，大十余抱，一桅之费数千金。船三桅，中桅其最大者也。中国之帆上下同阔，西洋帆则上阔下窄，如折扇展开之状，远而望之几如垂天之云，盖阔处几及百丈云。中国之帆曳而上只一大缆著力，其旁每幅一小缆，不过揽之使受风而已。西洋帆则每缆皆著力，一帆无虑千百缆，纷如乱麻，番人一一有绪，略不紊。又能以逆风作顺风，以前两帆开门，使风自前入触于后帆，则风折而前，转为顺风矣，其奇巧非可意测也。红毛番舶，每一船有数十帆，更能使横风、逆风皆作顺风云。

先进的船舶制造与航海技术，是在航海实践的需求的刺激下得以不断进步的。相反，由于海禁与闭关所导致的航海业的衰萎，却会使原有的技术失传，对郑和"宝船"的尺度和形制，至今仍争议纷纭，难以确知，就是例证之一。因"海禁"和"闭关"所导致的中国造船业和航海业的落后，长期成为国家积贫积弱的主要表现之一，直到19世纪70年代，作为洋务运动骨干厂家的江南制造局和福州船政局制作的兵船，仍然遭到外人鄙议。1873年6月7日的《北华捷报》评论说："这些小船只能供海岸巡缉之用。太平岁月无用，战争起时是废物。"

日本学者梅棹忠夫在《文明的生态史观》一书中回顾了

日本远洋航行的历程。当西班牙人乘船迎向海外的暴风雨时，日本人所乘的船也在海外的暴风雨中出现了。西班牙人悬挂着圣母玛利亚的像，日本人悬挂着八幡大菩萨的长条旗。八幡船骚扰、破坏着从华南到东南亚的各个地区。当葡萄牙人、荷兰人、英国人和法国人相继来到东南亚，营建居留地，从事贸易时，日本江户时代持有将军签发的朱印证书的被称为"朱印船"的商船也由日本出发，与东南亚各国进行积极的贸易活动。然而到了荷兰、英国、法国等国在东南亚地区经营殖民地的时代，日本却完全落伍了。"这是因为日本推行了'锁国'这一奇特的政策。"梅棹忠夫说："因为'锁国'，日本对于东南亚的侵略以及殖民地化的进程，落后了200年以上。"

"锁国"导致了文化进程的落后，然而日本终究在19世纪70年代开始了以"富国强兵"为口号，谋求建立一个能够同西方并驾齐驱的新日本的明治维新，在政治、经济和社会等方面实行了重大的改革，促进了日本的现代化和西方化。到20世纪初，日本已经迈进在现代工业国的道路上了。

元、明、清三代，中国和日本都进行过运用海上武装的作战。1274年及1281年，忽必烈两次发军远征日本，第一次"入其国，败之"，"虏掠四境而归"，第二次则遭到失败。但是，1281年的惨败，有遭到意外的飓风袭击的偶然因素，因"暴风破舟"，"诸将未见敌，丧全师以还"①。日本人事后回

---

① 《元史·外夷传一·日本》。

顾当时战事，也以为是"以天之灵，雷霆波涛，一时军皆覆"①，并不认为是因战取胜。可以说，当时的海战力量，中国居绝对优势。明代倭寇横行东南，史书所谓"海寇大作"②，滨海数千里都受到侵扰，由戚继光、俞大猷等名将率领的中国军队经过艰苦努力，才平定了沿海的倭患。1600年，中朝军队在联合抗击日本侵朝的战争中取胜，明军总兵陈璘率水师于釜山南海邀击日军，"焚其舟百余"，歼敌万余人。在这一时期，中日之间的海战互有胜负，实力大致相当。1894年，中日甲午战争爆发，在参战双方实力相当的黄海海战中，中国损失战舰5艘，日本旗舰"松岛"等5艘受重创。在日军占领大连旅顺之后，北洋舰队"保船避战"，退缩在威海卫基地。次年2月，威海卫陷落，北洋舰队全军覆没。1895年4月签订的《马关条约》规定，中国承认朝鲜完全"自主"，即承认日本对朝鲜的控制，中国割让台湾全岛及所有附属各岛屿、澎湖列岛和辽东半岛给日本。日本取得了渤海、黄海的制海权。

中国与日本的海战，从起初奏捷到后来挫败，从中国海军对日本海境的"虏掠"到日本海军对中国军港的占领，向人们演示了"海禁"政策的历史作用。

马克思曾经深刻地指出了中华"天朝帝国""野蛮的、闭

① 《明史·外国传三·日本》。
② 《明史·朱纨传》。

关自守的、与文明世界隔绝的状态"①，从谴责西方殖民主义的立场出发，他特别强调中国"被强力排斥于世界联系的体系之外"的一面，然而，我们如果从对中国传统文化的自省出发，又应当如何认识这一历史现象呢？

在古老的中国文化中，究竟是什么因素导致形成了这种自我窒息的"密闭棺材"呢？

---

① 《中国革命和欧洲革命》，《马克思恩格斯选集》第一卷，人民出版社 2012 年版，第 779 页。

第四章

行神与
行忌

我昔南行舟系汴，逆风三日沙吹面。

舟人共劝祷灵塔，香火未收旗脚转。

回头顷刻失长桥，却到龟山未朝饭。

至人无心何厚薄，我自怀私欣所便。

耕田欲雨刈欲晴，去得顺风来者怨。

若使人人祷辄遂，造物应须日千变。

〔宋〕苏轼：《泗州僧伽塔》（节选）

Ⅰ 中国古代"行归宜忌"种种

通过中国古代民俗资料中体现当时思想文化的有关内容，可以看到当时的交通条件及其对于文化的深刻影响。

1975年12月考古工作者在湖北云梦睡虎地秦墓发掘中获得的大量的秦代竹简，对于认识这一时期的政治、经济、文化、军事，提供了前所未有的丰富的新资料。云梦睡虎地秦简中有所谓《日书》。《日书》是用来选择时日吉凶的数术书。它告诉人们，不同日子、不同时刻进行各种活动是吉利还是凶忌，以便有所选择，趋吉避凶。从先秦时代起，《日书》一类数术之书已经在民间广泛流行。《汉书·艺文志》所录汉代人使用的数术之书多达"百九十家，二千五百二十八卷"。王充在《论衡·讥日》中说到当时《日书》一类数术书的风行：

> 岁月之传既用，日禁之书亦行。世俗之人委心信之，
> 辩论之士亦不能定。

民间都盲目地倾心相信这种"日禁之书"，活跃在思想界的有识之士对此也不能发表确定的见解。不过，秦汉时期数量庞大的数术著作，几乎已经全部佚失。云梦睡虎地秦简《日书》的出土，使我们能够具体了解当时数术之学的面貌，从而有助于认识和理解当时的文化。

云梦睡虎地秦简《日书》总计423支简中，内容涉及所谓"行归宜忌"，也就是规定什么日子和时辰可以出行回归，什么日子和时辰则绝对不可以出行回归的，多达151支，不仅数量相当可观，规定的禁忌也相当繁密。例如，其中有关于行归时日的禁忌："达日利以行"（736），"外害日不可以行"（738），"挚日不可行"（748），"危日是胃（谓）不成行"（765），等等，又有所谓"离（罹）日"：

> 离（罹）日不可以家（嫁）女、取（娶）妇，及入人民、畜生（牲）。唯利以分异。离（罹）日不可以行，行不反（返）。（778—782）

又如：

> 正月丑、二月戌、三月未、四月辰、五月丑、六月戌、

七月未、八月辰、九月辰、十月戌丑、十一月未、十二月辰，凡此日不可以行，不吉。（863）

凡刍日可以取（娶）妇、家（嫁）女，不可以行。（865—866）

简文中还可以看到这样的内容：

正月七日·二月十四日·三月廿一日·四月八日·五月十六日·六月廿四日·七月九日·八月十八日·九月廿七日·十月十日·十一月廿日·十二月卅日·是日在行不可以归，在室不可以行；是二大凶。（789反—788反）

在这些日子里，如果正出行在外，不能回家；如果在家，则不能出行。

此外，《日书》中还有"丁卯不可以船行""六壬不可以船行""六庚不可以行"等禁忌。

除了行归时日而外，《日书》中还有关于行归方向的严格规定。比如："午，北吉，东得，南凶，西不反（返）"（867）、"未，东吉，北得，西凶，南毋行"（868），等等。在"归行"题下又有这样的内容：

凡春三月己丑不可东，夏三月戊辰不可南，秋三月己未不可西，冬三月戊戌不可北。百中大凶。二百里外必

死。岁忌。(860)

　　毋以辛壬东南行，日之门也；毋以癸甲西南行，月之门也；毋以乙丙西北行，星之门也；毋以丁庚东北行，辰之门也。凡四门之日，行之数也，以行，不吉。(861)

除了对"百中大凶""二百里外必死"这种严酷的预言之外，还有对于所谓"远行""长行""久行"等更为明确的严格禁忌。例如：

　　正月乙丑·二月丙寅·三月甲子·四月乙丑·五月丙寅·六月甲子·七月乙丑·八月丙寅·九月甲子·十月乙丑·十一月丙寅·十二月甲子·以（毋）以行、从远行归，是谓出亡归死之日也。(787反—786反)

这一规定与唐人李贤《后汉书·郭躬传》注引《阴阳书历法》所谓"归忌日，四孟在丑，四仲在寅，四季在子，其日不可远行、归家及徙也"相对照，二者基本是一致的，只是秦简《日书》的规定略为简约。又如：

　　久行毋以庚午入室，□□行毋以戌亥入。(801反—800反)
　　久行毋以庚午入室，长行毋以戌亥远去室。(769反)

此外，还有所谓"锉，外阴之日""生子年不可远行，远行不反（返）"（917），"远行者毋以壬戌、癸亥到室、以出，凶"（1035），等等，也都是对久行、长行、远行的限制。

云梦睡虎地秦简《日书》中的"行忌"，共列有14种类目，排除其中可能重复的内容，全年行忌日合计仍然多达151日，占全年日数的41.3%以上，可见当时出行禁忌的苛严繁密。固然云梦睡虎地秦简《日书》中包括分属于秦人和楚人的两套数术系统，对这两种禁忌规定都严格加以遵行的情形在民间未必普遍，但是我们仍然可以由此明显地看到当时的交通活动所受到的来自观念方面的强大影响。显然，尽管秦汉时期交通事业得到空前发展，在战国晚期乃至于秦统一初，至少在出土《日书》的楚地，人们的各种交通活动仍受到多方面限制。对当时的社会文化面貌进行考察时，不能不注意到这种以交通心理和交通观念为表现形式的交通史背景。

从史籍记载来看，当时社会上下对这种出行禁忌都是普遍遵行的。

秦始皇是中国古代著名的游踪甚广的帝王。他平生曾八次出巡，关于其具体行期，只有《史记·秦始皇本纪》中的一条资料："三十七年十月癸丑，始皇出游。"这是他最后一次出巡。十月癸丑，与秦简《日书》对照，不是出行忌日，而且在可能属于楚人数术系统的《除》中正当所谓"交日"，而交日"利以实事，凿井，吉：以祭门，行，行水，吉"（733）。秦始皇这次出行先抵达楚地，"十一月，行至云梦"。

看来，当时他很可能是根据楚人通用的数术书来择定出发日期的。①

中国古代还有一种以交通形式实现文化交往的社会现象，就是大规模的人口迁徙。王充在《论衡·难岁》中说到，汉代流行规定迁徙禁忌的用书《移徙法》。云梦睡虎地秦简《日书》中也有与此相类似的规定迁徙禁忌的内容，如"以甲子寅辰东徙死，丙子寅辰南徙死，庚子寅辰西徙死，壬子寅辰北徙死"（770反），等等。秦帝国曾经多次组织大规模的政治性的强制移民运动。《史记·秦始皇本纪》记载，二十六年（前221），"始皇卜之，卦得游徙吉。迁北河榆中三万家，拜爵一级"。如果其占卜方式和云梦睡虎地秦简《日书》属于同一系统的话，时在秋季，而北河榆中的方位在咸阳正北方向，当时的卜问结果应当与《日书》中的这一内容相符合：

正月、五月、九月，北徙大吉，东北少吉。（788）

"迁北河榆中三万家"，具体时间很可能是在九月。现代人已经很难理解，当时的人们任何一种交通活动竟然都要遵守这种种的严格的禁忌。然而当时确实有人甚至因为迷信这种行忌而白白丧失了生命。

---

① 参见王子今：《睡虎地秦简〈日书〉秦楚行忌比较》，《秦文化论丛》1993年第2辑；王子今：《睡虎地秦简〈日书〉所见行归宜忌》，《江汉考古》1994年第2期。

　　东汉史学家班固在《汉书·游侠传》中记述了一位喜好纵酒狂歌的豪放之士陈遵的事迹。陈遵倜傥多才而不拘小节，在任河南太守时由于"入寡妇之门"狂饮，"乱男女之别"而被免官。和陈遵形成鲜明对照的，有一位曾任丹阳太守，与陈遵同样免官后归居长安的张竦。陈遵"昼夜呼号，车骑满门，酒肉相属"，而这位张竦却"居贫，无宾客"，"论道经书而已"。陈遵常常对张竦说：足下讽诵经书，苦身自约，谨小慎微，不敢有丝毫疏失，而我却放意自恣，沉浮于世俗之间，所获得的官爵和功名，并不低于您，而我同时又得到了欢乐，这岂不是又优胜于您吗？张竦回答说：人各有性，长短自裁，你就是想要像我这样生活也做不到，而我如果仿效你，又可能会堕落到不可救药。就是这位一生谨慎的张竦，在西汉末年的社会动乱中"为贼兵所杀"。据《汉书·游侠传》，当时"（张）竦知有贼当去，会反支日，不去，因为贼所杀"。张竦本来预先知道身临危难，应当及时引避，却因为适逢"反支日"，所以执意拒绝出行，后来终于遇难。"反支日"是一种特殊的忌日，云梦睡虎地秦简《日书》中有"反枳（支）"日，山东临沂银雀山汉简《元光元年历谱》也在"反支日"下标识"反"字。①张竦的遭遇，桓谭称之为"通人之蔽"。

---

① 参见王子今：《说"反枳"：睡虎地秦简〈日书〉·交通"俗禁"研究》，《简帛》第7辑。本文另见贾益民、李焯芬主编：《第一届饶宗颐与华学国际学术研讨会论文集》，齐鲁书社2016年版。

《颜氏家训·杂艺》中结合东汉桓帝时汝南陈伯敬"行路闻凶，便解驾留止，还触归忌，则寄宿乡亭"的故事，批评说："去圣既远，世传术书，皆出流俗，言辞鄙浅，验少妄多。至如反支不行，竟以遇害；归忌寄宿，不免凶终；拘而多忌，亦无益也。"

尽管古来的有识之士早已对这种烦琐的出行禁忌提出怀疑和否定，但由于传统文化的特质所决定的强大的历史惯性，这种最初起源于蒙昧时代人们对交通困难的畏惧的迷信意识，仍长期存留于民俗生活之中。

新疆吐鲁番阿斯塔那193号墓中出土的唐代"阴阳书"残件中，依然可以看到有关出行禁忌的内容，如：

……北出廿四日死者北行……（3）

……罗痛不出四月丑日……（4）

……便东南……（5）

阿斯塔那210号墓出土的"唐显庆三年具注历"中，也有关于"行""归""移徙"的禁忌。敦煌古籍中也有类似的内容。直到近代，民间流行的历书"黄历"中，除了农时节气之外，也规定有包括出行活动在内的各种禁忌，比如某日忌出行，某日喜神在何方，等等。

Ⅱ 祖道风习源流

云梦睡虎地秦简《日书》中还有关于"祠行"的内容，例如"祠行良日庚申是天昌，不出三岁，必有大得"（808），"祠行日，甲申、丙申、戊申、壬申、乙亥，吉"（932—933），等等。"祠行"又称作"行祠"，如"凡行祠常行道右，左口"（1038）。又有标题作"行行祠"者：

> 行行祠，行祠，东行，南行，祠道左。西（行），北行，祠道右。其歌曰：大常行，合三土皇，酎为四席，席叕（辍），其后亦席三，叕（辍），其祝曰：毋王事，唯福是司，勉饮食，多投福！

说到了祠行的仪式规程。

"祠行"，就是古代文献中所说的"祀行"。《礼记·祭法》中说到"祀行"。《仪礼·聘礼》也说"释币于行"，郑玄注："今时民春秋祭礼有行神，古之遗礼乎？"认为汉代民间盛行祭祀"行神"的典礼，可能是先古"祀行"风习的遗存，在春秋时节举行。崔寔《四民月令·正月》说"百卉萌动，蛰虫启户，乃以上丁，祀祖于门"，在正月的第一个丁日祀行。《礼记·月令》却说"冬祀行"，大概每年例行的祀行仪礼的时间，各地不大一致。

113

　　除了定期的祭祀活动之外，行旅之人上路前也要进行类似的殷勤祭祀，这就是"祖道"。《诗·大雅·烝民》所载"仲山甫出祖"，《诗·大雅·韩奕》所载"韩侯出祖"，《左传·昭公七年》中所谓"梦襄公祖""梦周公祖而行"，都是指出发之前对行道之神的祭祀。

　　《吴越春秋·勾践入臣外传》记载，吴国击败越国，越王勾践与大夫文种、范蠡被迫"入臣于吴"，"群臣皆送至浙江之上，临水祖道"，当时悲凄伤感的气氛可以想见。文种两次致祝词，说道："皇天祐助，前沉后扬。祸为德根，忧为福堂。威人者灭，服从者昌。王虽牵致，其后无殃。""大王德寿，无疆无极。""德销百殃，利受其福。去彼吴庭，来归越国。"以此来振奋人心。《史记·刺客列传》记述著名的"荆轲刺秦"故事，也写到燕太子丹等人为荆轲送行时，在燕下都城外易水边祖道的情景：

　　　　太子及宾客知其事者，皆白衣冠以送之。至易水之上，既祖，取道，高渐离击筑，荆轲和而歌，为变徵之声，士皆垂泪涕泣。又前而为歌曰："风萧萧兮易水寒，壮士一去兮不复还！"复为羽声忼慨，士皆瞋目，发尽上指冠。于是荆轲就车而去，终已不顾。

壮士慷慨赴死时振扬千古的豪壮悲歌，就发抒于临行祖道之时。

　　秦汉时期，祖道风习曾经相当盛行。据《史记·五宗世家》记载，汉景帝时曾经被立为皇太子，后来又废为临江王的刘荣，被景帝征召，临行，"祖于江陵北门"，"既上车，轴折车废"，江陵父老于是涕泪交流，私下议论说："吾王不反（返）矣！"刘荣后来果然因罪在长安自杀，再也没有能够回到江陵。看来祖道仪式，确实带有浓重的神秘色彩。

　　汉代人出行之前，祖道仪式往往十分隆重。汉宣帝时任太傅的疏广归老故乡，"公卿大夫故人邑子设祖道，供张东都门外，送者车数百两"①。晋人张协《咏史诗》："蔼蔼东都门，群公祖二疏，朱轩曜金城，供帐临长衢"，说的就是当时的情形。

　　汉武帝时任丞相的刘屈氂与贰师将军李广利是儿女亲家，在李广利领兵出击匈奴时，"为祖道，送至渭桥，与广利辞决"，临别私约请立昌邑王为太子，于是犯了大逆不道之罪。刘屈氂被处以腰斩之刑，妻子被枭首于华阳街；李广利的妻子也被收审，他本人因此而投降匈奴，于是遭灭族之祸。祖道时的一句话，竟然导致一场政治变乱，威权显赫的一相一将因此成为悲剧人物。

　　甘肃居延出土的汉代简牍中，也可以看到有关当时祖道风习的内容，如：

———————————

① 汉代通常计算车辆的量词"两"，现今写作"辆"。

候史襃予万岁候长祖道钱	出钱十付第十八候长祖道钱
〔祖〕道钱	出钱十付第廿三候长祖道钱
〔祖〕道钱	出钱十
	出钱

（104·9，145·14）

可见祖道风习的盛行，上自帝王将相下至普通军民，无不浸沉其中，确实如晋人嵇含在《祖赋序》中所写到的："祖之在于俗尚矣。自天子至于庶人莫不咸用。"

东汉蔡邕有一篇祖道时祝诵的《祝祖文》，其中写道："元正令子，时惟嘉良。乾坤交泰，太簇运阳。乃祀祖灵，以祈福祥。"他还有一篇留传至今的遗文《祖饯祝》，内容是这样的：

令岁淑月，日吉时良。爽应孔嘉，君当迁行。神龟吉兆，林气煌煌。著卦利贞，天见三光。鸾鸣雍雍，四牡彭彭。君既升舆，道路开张。风伯雨师，洒道中央。阳遂求福，蚩尤辟兵。仓龙夹毂，白虎扶行。朱雀道引，玄武作侣。勾陈居中，厌伏四方。往临邦国，长乐无疆。

出行选择吉日良时，占卜得到吉兆，天气也清明宜人，宝马轻车已经备好，前后左右都有神灵护佑，旅途必定平安无恙。通过祖道时祝文的内容，可以知道当时的祖道仪式，主要是为了祝佑旅行的安全。

晋人多有题名为"祖道"的诗作，例如孙楚的《祖道诗》、董京的《之冯翊祖道诗》、陆机的《祖道潘正》《祖道毕雍孙刘边仲潘正叔诗》、牵秀的《祖孙楚诗》、王赞的《侍皇太子祖道楚淮南二王诗》、王浚的《祖道应令诗》，等等，看来祖道时赋诗以纪，已经成为当时文人们时尚的雅好。

张华在《祖道征西应诏诗》中写道："庶寮群后，饯饮洛湄。感离叹悽，慕德迟迟。"他在《祖道赵王应诏诗》中也写道："发轫上京，出自天邑。百寮饯行，缙绅具集。轩冕峨峨，冠盖习习。恋德惟怀，永叹弗及。"看来，祖道时虔敬地祭祀行道之神的古意已经渐渐淡漠。所谓"感离叹悽""恋德惟怀"，体现出祖道仪式上人们主要发抒的已经不再是对行道之神的敬畏之心，而演变成对行旅之人的惜别之情。何敬祖在《洛水祖王公应诏诗》中写道："游宴绸缪，情恋所亲。薄言饯之，于洛之滨。"送别感怀，已经成为这类诗作的主题。所谓"饯饮"，原本是向行神祝祷之后，旅人与送行者"饮酒于其侧"，这时已经演变为仪式的主要内容了。到了南北朝隋唐时代，已经极少再见到"祖道"诗，这类诗作渐渐为"饯别"诗所取代了。

祖道风习的盛衰，是和交通形态的进步与否有关的。随着交通事业的发展，人们对旅途艰险的恐惧渐渐淡化。然而，由于传统意识顽强而长久的影响，古人"祖道"时的某种心理又常常通过其他形式婉转地表露出来。送别时敬酒、折柳，以及"一路平安""一路顺风"的祝词，依稀透露出古来出行恐惧心理的淡淡的遗痕。在长期从事行旅生涯的某些行业中，至今仍然存留着某些可以最终归结为行神崇拜的禁忌。

嵇含的《祖赋序》中，说到汉、魏、晋三代祖道仪程略有不同。"有汉卜日丙午；魏氏择用丁未；至于大晋，则祖孟月之酉日。各因其行运。""虽共奉祖，而莫识祖之所由兴也。说者云：'祈请道神谓之祖。'"

所谓"道神"，究竟是何等神灵呢？

道神又称行神。一种说法认为是共工的儿子。东汉应劭所著《风俗通义·祀典》引《礼传》说，"共工之子脩，好远游，舟车所至，足迹所达，靡不穷览，故祀以为祖神"。

另一种说法，认为是黄帝的儿子累祖。《史记·五宗世家》司马贞《索隐》引崔浩说："黄帝之子累祖，好远游而死于道，因此为神。"颜师古也说："昔黄帝之子累祖，好远游而死于道，故后人以为行神也。"

还有一种说法，认为累祖（嫘祖）是黄帝之后。唐人王瓘《轩辕本纪》说："帝周游行时，元妃嫘祖死于道，帝祭之以为行神。"

汉代经学大师郑玄说："行者之先，其古人之名未闻。"看来行神或道神的身份，其实原本并不十分确定的。行神、道神具有不同的现实原型，体现了早期鬼神观念较为凌乱而缺乏系统性的特点。民间把"好远游"，甚至为此而"死于道"的神话人物奉为"道神"或"行神"，也表现出人们对征服交通险阻的一种较为积极乐观的态度。

Ⅲ 天妃崇拜与梓潼神传说

中国古籍中常常可以看到在交通过程中道行遇鬼的各种传说。

《风俗通义·怪神》说,"昔晋文公出猎,见大蛇高如堤,其长竟路"。于是以为"见妖"而请庙修政。

云梦睡虎地秦简《日书》中也有指示人们在交通实践中怎样行避恶鬼的内容:

> 人行,而鬼当道以立,解发奋而过之,则已矣。(850反)
> 鬼恒从人游,不可以辞,取女笔以拓之,则不来矣。(850反)

《史记·秦始皇本纪》记载,卢生对秦始皇说:根据仙人秘示,帝王应时常对行踪严加保密以远避恶鬼,远避恶鬼,才能迎来神仙。于是秦始皇"乃令咸阳之旁二百里内宫观二百七十复道甬道相连",有敢于泄露他所通行的路线者,处以死罪。可见以天子之尊,对行道恶鬼也不得不忌避。据《史记·封禅书》,汉武帝也曾采用齐人少翁的建议,"作画云气车,及各以胜日驾车辟(避)恶鬼"。据说甲乙日乘青车,丙丁日乘赤车,戌巳日乘黄车,庚辛日乘白车,壬癸日乘黑车,以为如此才可以在行道中"辟恶鬼"。

在交通尚不发达的时代，重重险阻使行路之人产生沉重的精神压力。法国社会学家列维-布留尔对原始人的思维进行过卓有成效的研究，他在《原始思维》一书中指出，落后民族往往"按照自己的原逻辑的和神秘的思维行事"，"常常有这样的情形，土人脚夫们特别不听话，如果他们胆敢冒险，他们甚至拒绝上路"。"白种人旅行者如果不深知自己这队人的思维，他只会在这里面看到懒惰、不服从、食言、无可救药的不诚实，其实，很可能不是这么一回事儿。也许黑人睡醒以后，其中一个人发现了什么预示他或者全队人将要遭难的凶兆。"与此相关，我们联想到《潜夫论·卜列》中这样的内容："欲使人而避鬼，是即道路不可行。"大概在当时人的意识中，行程中处处都有恶鬼盘踞，要想规避几乎是不可能的。

《仪礼·聘礼》中有关祀行的内容，孔颖达解释说："此谓平地道路之神。"《管子·小问》记述，齐桓公北伐孤竹，曾经路遇"登山之神"。《说苑·辨物》记载同一故事，却写作"知道之神"。《说文·车部》："軷，出将有事于道，必先告其神，立坛四通，尌茅以依神为軷，即祭犯軷，轹牲而行为范軷。"段玉裁注："山行之神主曰軷，因之山行曰軷。"可见行神又有所谓"平地道路之神""登山之神""山行之神"。史籍中往往还可以看到路遇神灵的事例。《风俗通义·怪神》引《管子》："齐公出于泽，见衣紫衣，大如毂，长如辕，拱手而立。"有人说，这就是所谓"泽神委蛇"，只有霸主才可以见到。其形态与车具车毂、车辕有关，大约也属于行神。

《史记·秦始皇本纪》中曾记述这样一段神奇的故事：秦始皇三十六年（前211）秋季，有使者从关东驱向咸阳，夜过华阴平舒道。有人手持玉璧阻拦使者，说道："为吾遗滈池君。"并且预言说："今年祖龙死。"使者追问其故，那人忽然隐去不见，只留下那件玉璧。使者奉璧如实禀报，始皇默然良久，对祖龙之死的预言不免忧悒，又令御府审验玉璧，没想到竟是八年前自己出巡渡江时祭告江神所沉落的那一件。

《史记·高祖本纪》还记载了汉高祖刘邦夜经丰西泽中斩大蛇的故事，传谓此蛇为"白帝子也，化为蛇，当道"。据《史记·封禅书》记述：汉文帝曾出长门，隐约见五人立于道北，于是在北方向立五帝坛，祠以五套祭具祭品。这也体现了行道遇神所产生的敬畏心理。

《史记·日者列传》集解引《墨子》："墨子北至齐，遇日者。日者曰：'帝以今日杀黑龙于北方，而先生之色黑，不可以北。'"这种在今天看来莫名其妙的理由，在当时竟规定了严格的行忌。云梦睡虎地秦简《日书》中有这样的内容：

> 凡且有大行远行……毋以正月上旬午，二月上旬亥，三月上旬申，四月上旬丑，五月上旬戌，六月上旬卯，七月上旬子，八月上旬巳，九月上旬寅，十月上旬未，十一月上旬辰，十二月上旬酉。凡是日赤啻（帝）恒以开临下民而降其英（殃），不可具为百事，皆毋所利，节有为也。（856—857）

凡是有为也，必先计月中间日旬毋直（值）赤啻（帝）临日，它日虽有不吉之名，毋所大害。（858—859）

赤帝下临之日，不能"大行远行"，否则不仅"毋所利"，而且会招致"大害"。

江绍原在《中国古代旅行之研究——侧重其法术的和宗教的方面》一书中指出，古代旅行者将行途中的危险、损失和种种不快，多理解为神鬼精怪所致，"怎样预防、抵御和应付他们，因此成为上古出行者必须处理的一个现实问题"。他举《山海经》为例，指出这部书详细记载了对人有害的生物，风雨频繁的山岳，祠祭神灵的方法，以及形形色色的异方之俗等，因而"不但是地理书，而且是确有旅行指南这特殊功用的实用地理书"。《山海经》中所记录的气候条件恶劣、往往有不测风雨的山岭，有符惕之山，"多怪雨，风云之所出也"；堵山，"神天愚居之，是多怪风雨"；光山，"神计蒙处之"，"出入必以飘风暴雨"等。这类妨碍交通的恶劣气候，常常被解释为神灵所居，风雨相随。

秦始皇二十八年（前219），这位大一统专制帝国的第一个皇帝巡行东方郡县，计划封禅泰山。鲁地的儒生们建议遵从古制，车轮用蒲草包裹，避免损伤山林草木，以示仁爱，祭地也一律使用草席。秦始皇以为过于烦琐古板，弃之不用，而径直登山，不料"中阪遇暴风雨"，因而受到诸儒生嗤笑，以为是神灵惩戒。秦始皇行至衡山、南郡时，浮江至湘山祠，时逢大风，几乎无法横渡。秦始皇问博士："湘君何神？"博士回答说：据说是尧帝的女儿，舜帝的妻子，葬地就在这里。秦始皇大怒，派刑徒三千人尽伐湘山林木，使土石裸露。帝王出行，跋山涉水，也往往对沿途山水神灵各怀忐忑之心。汉武帝封泰山时，无风雨之灾，而方士们又以蓬莱诸神相诱挑，于是武帝欣然东至海上，期望得遇蓬莱之仙。然而帝车御者"奉车子候暴病，一日死"[①]，武帝随即离去。行程中各种意外事件，似乎也都被看作有神灵暗示的寓意。

古代道路的许多路段往往经由交通条件险恶的原始山林或江河沼泽，交通安全确实难以保证，这也是行神崇拜及各种"行忌"形成的重要背景。

《潜夫论·巫列》中说到"小人之所望畏"的"土公、飞尸、咎魅、北君、衔聚、当路、直符七神"，其中所谓"当路"神，应当有主宰行旅吉凶的威力。而《抱朴子·登涉》说："山中寅日，有自称虞吏者，虎也；称当路君者，狼也。"《老子·德经》中也有"陆行不遇兕虎"语。山行虎狼毒虫之凶害，正是当时世人尊崇行神且"行忌"繁密的原因之一。据孙星衍校刊本《抱朴子·登涉》，抱朴子曰："山无大小，皆有神灵"，"入山而无术，必有患害"。所谓"患害"，包括疾病伤刺，光影异声，大木摧折，岩石坠落，猛兽犯人，等等。

---

① 《汉书·郊祀志上》。

云梦睡虎地秦简《日书》列有春夏秋冬四季"大败日"
日次：

> 春三月季庚辛，夏三月季壬癸，秋三月季甲乙，冬三
> 月季丙丁，此大败日，取（娶）妇不终，盖屋燔，行傅，
> 毋可有为。（859反）

通过与"取（娶）妇不终""盖屋燔"等相比列的事实，我们
可以知道"行傅"或许就是"行覆"。行神崇拜与"行忌"的
产生，也部分由于因道路和车辆等技术条件限制所导致的交
通事故的频繁。古籍中常常可以看到记述交通事故的文字。
如《易·小畜》所谓"舆说辐"，是说车舆脱离了车轮；《左
传·僖公十五年》所谓"涉河，侯车败"及"车说其輹"，
"说"也是"脱"。又如《史记·五宗世家》所谓"轴折车
废"，《西狭颂》所谓"颠覆陨坠"等，后者危害更为严重。
居延汉简中也多见关于车辆"折伤"的简文。汉代画像中，
也多有描绘车行桥上，而车轮脱坠水中的画面。《郙阁颂》中
所谓"常车迎布，岁数千两，遭遇陨纳，人物具陒（堕），沈
没洪渊，酷烈为祸"，也是当时交通活动中行车失事频繁的真
实写照。

行神或道神崇拜，也反映在水路交通活动中，信奉海神
天妃就是最突出的例证。天妃又称圣妃、天后、天后圣母，
据说"威灵屡显""护国佑民"。《元史·祭祀志五》："惟南海

女神灵惠夫人，至元中，以护海运有奇应，加封天妃神号。"
"直沽、平江、周泾、泉、福、兴化等处皆有庙。"粮船出发
之前必须先卜吉于天妃。当时，"万艘如云，毕集海滨之刘家
港。于是省臣漕臣斋戒卜吉于天妃灵慈宫，卜既协吉，仍率
其属，鸣金鼓以统漕"①。据说航海遇难，舟人面对风浪危
急，号呼求救时，天妃往往化身红灯、火光、粉蝶、黄雀等，
前来救助，于是"船即少宁"，或"顷刻风起，舟行如飞"。②
据说，天妃当初生在人间时，就能够"乘席渡海"，时人呼为
"龙女"。③据张燮《东西洋考》记述的传说，天妃本五代时
人，宋太宗时代化身为神，宋徽宗宣和年间因为营救出使高
丽的官船有功，赐庙号曰"顺济"。宋高宗绍兴年间，又因为
"驾风"驱灭"海寇"，封"昭应崇福"，后来又陆续增加了
"善利""灵惠""助顺""显卫""英烈""协正""集庆"等封
号。宋人洪迈《夷坚志》支戊卷一"浮曦妃祠"条写道，莆
田境浮曦湾有崇福夫人庙，因其"灵异"，"今进为妃"。可
见，在宋代，已经得到了"妃"的称号。《元史·祭祀志五》
说，自元仁宗皇庆年间（1312—1313），皇帝每年派代表齐香
祭祀，祝文写道："维年月日，皇帝特遣某官等，致祭于'护
国庇民广济福惠明著天妃'。"所谓"护国庇民"的名号，表
明天妃的神力可以护佑政府和民间所有的水路交通活动。

---

① 〔元〕贡师泰：《玩斋集》。
② 参见〔明〕郎瑛：《七修类稿》。
③ 参见〔明〕何乔远：《闽书》。

据清代学者赵翼《陔余丛考》卷三五中"江汉间操舟者，率奉天妃，而海上尤甚"的说法，可以知道当时从事内河水运的人们也受到沿海风习的影响，使得天妃崇拜泛衍至于内陆。

明太祖洪武五年（1372），天妃又因护海运有功，封"孝顺纯正孚济感应圣妃"。天妃于是又有了"圣妃"的名号。而福建、台湾沿海，民间一般通称"妈祖"。据说遇风浪危急时，呼"妈祖"，则神披发而来，其效立应，若呼"天妃"，则神帔而至，恐怕会耽误时刻。

历代民间还信奉一些其他保佑水路交通安全的神，如江淮一带至于潞河，明代各地都有"金龙大王"的庙，据说舟楫过河，祷无不应。[①]清代封运河神为"延休显应分水龙王之神"，也有助佑运河航行的功用。

行神、道神还往往兼有护佑交通平安之外的其他异能。

据宋人蔡绦《铁围山丛谈》卷四："长安西去蜀道有梓潼神祠，素号异甚。士大夫过之，得风雨送，必至宰相；进士过之，得风雨则必殿魁。自古传无一失者。"清人钱大昕《十驾斋养新录》卷一九也有"梓潼神"条。梓潼神又称为"梓潼帝君"，被归入道教系统。也有人以为是文昌星君降灵，"是以缙绅大夫士多信礼之，而文昌之祠，遂遍郡邑"。其实，梓潼神原本不过是蜀道行神。因文士求学赶考，行路经过，

---

① 参见〔明〕朱国祯：《涌幢小品》。

心怀厚望，虔诚祝祷，或有巧遇风雨而后显达者，久而久之，于是普遍寄予预示前程的信诚之心。

宋人刘昌诗《芦浦笔记》卷四有一则题为"草鞋大王事"的故事，说蜀道上有千年古木，枝叶繁茂，荫可庇地一亩，往来行者常在树下歇息，往往有人在这里遗弃旧鞋，或抛挂枝上以为戏，久而积千百双，后来有人在树下卜问心事，常常应验，于是敬以为神。一士人应举由此经过，取佩刀在树上刻写了"草鞋大王，某年月日降"几个字。等他应举回程，再次走到这里时，发现这儿已经立起了四柱小庙堂。士人笑而不言。三年后再经过此地，已见祠宇壮丽，并有十数家住户簇居左右，惊而相问，都说草鞋大王灵验无比。士人留宿，并叩问此神：神之名号不过是我一时戏书，为什么今天奉祠竟然如此之盛？你究竟是谁呢？当夜梦与神人相见，对他说：我本是附近驿传系统的老铺兵，平生不敢欺心，被裁汰之后，经常在这里帮助负重而行走困难的路人。不料天帝竟然记得我这一份劳绩，但始终未能安排居处，承你书此"草鞋大王"之号，于是才受封并享用奉祀。士人问道：那么，为什么卜问总是很灵验呢？神答道：这并不是我的神能，不过是及时上奏天帝，帝感其诚，于是才给予答复。士人央告"草鞋大王"预告前途。第二夜，他托梦相告说：你一定会在某年登第，将来官职会达到某某品级。果然后来一一应验。

通过"草鞋大王"的故事，可以了解中国古代行神崇拜的某些特质。

在交通尚不发达的时代，人们出行以谋生，仰求神佑，以辅人力，可以说是势所必然。不同文明体系的萌芽阶段，都出现过行神、道神崇拜。然而，从中国的情形看，行神、道神传说影响如此久远，品类如此繁杂，尊崇如此虔敬，大致也体现出我们民族文化的若干特色。

第五章

脚力蹒跚
怕远游

生憎行路与心违，又逐孤帆擘浪飞。

吴岫涌云穿望眼，楚江浮月冷征衣。

长歌悲似垂垂泪，短梦纷如草草归。

若有一廛供闭户，肯将篾舫换柴扉？

〔宋〕范成大：《南徐道中》

Ⅰ 行路难：中国诗歌永恒的主题

古乐府杂曲歌辞有"行路难"的篇名。《乐府解题》说："《行路难》，备言世路艰难及离别悲伤之意，多以'君不见'为首。"所谓"世路艰难"当是转寓，起初的本意应当是直抒对行路艰辛的感慨。《乐府诗集》的编者宋人郭茂倩说："按《陈武别传》曰：'武常牧羊，诸家牧竖有知歌谣者，武遂学《行路难》。'则所起亦远矣。唐王昌龄又有《变行路难》。"

陈武牧羊，从诸家牧竖学歌谣《行路难》，说明这种诗歌体裁"所起亦远"，初源其实出于民歌。

以"行路难"为题的诗歌，大多表现出悲怆豪放的风格。我们目前所见，以南朝宋人鲍照《拟行路难十八首》年代较早。他写道："愿君裁悲且减思，听我抵节行路吟。""丈夫生世能几时，安能叠燮垂羽翼。"又如：

> 泻水置平地，各自东西南北流。人生亦有命，安能行
> 叹复坐愁。酌酒以自宽，举杯断绝歌路难。心非木石岂无
> 感，吞声踯躅不敢言。

其间"行路"已经是指人生道路了。唐代诗人李白的《行路难》，是这类诗歌中的绝唱：

> 金樽清酒斗十千，玉盘珍羞直万钱。停杯投箸不能食，
> 拔剑四顾心茫然。欲渡黄河冰塞川，将登太行雪暗天。闲
> 来垂钓坐溪上，忽复乘舟梦日边。行路难，行路难，多歧
> 路，今安在。长风破浪会有时，直挂云帆济沧海。

直接吟咏旅途艰辛的，有张籍的《行路难》：

> 湘东行人长叹息，十年离家归未得。弊裘羸马苦难行，
> 僮仆饥寒少筋力。君不见床头黄金尽，壮士无颜色。龙蟠
> 泥中未有云，不能生彼升天翼。

聂夷中的《行路难》则写道：

> 莫言行路难，夷狄如中国。谓言骨肉亲，中门如异域。
> 出处全在人，路亦无通塞。门前两条辙，何处去不得？

情调较为积极乐观，对"行路难"的诗题，可以说是反其意而用之。

中国古代知识分子的成功，往往与"八千里路云和月"的人生历程相联系。战国时期的著名策士苏秦始而"羸縢履蹻，负书担橐"，终则"伏轼撙衔，横历天下"。[①]求学从政，千里奔波，这可以说是中国古代士人典型的人生道路。

《战国策·赵策一》又这样说到苏秦远道求学途中的辛劳：

> 家贫亲老，无罢车驽马，桑轮蓬箧赢縢，负书担橐，触尘埃，蒙霜露，越漳、河，足重茧，日百而舍。

家境穷困，无法备置车马，只能背负书籍，肩挑行李，不避霜露风尘，拼命赶路，以致脚下生了几层茧子，每天要走一百里才能停宿。所谓"儒者万里负笈以寻其师"[②]，要想学业有成，首要的课程竟然是艰苦的交通实践。据说孔子授业的基本科目"六艺"当中，列有"御"即驾驭车马一项。看来，交通技术也是一定文化层次的人们必须具备的基本修养和能力训练内容。

学人进入仕途，成为政府官员之后，就成了专制时代严整高效的政治机器上的不能实现自主意志的冰冷部件。汉代

---

① 参见《战国策·秦策一》。
② 《抱朴子·祛惑》。

臣子已经有自称"牛马走"的情形，是说自己在皇帝面前是像牛马一样甘心服役奔走的奴仆。司马迁在《报任少卿书》中就说到"太史公，牛马走"。陆游《杂兴》诗中也有"区区牛马走，龊龊蚍虮臣"的诗句。

专制主义政治制度下的臣子确实必须如牛马般竭力充役。出使、出征、出守、出巡等，都是官吏往往不得不踏上艰险之途出行的缘由。任免调迁之间千里奔走，也是重要的使役内容之一。

杜甫《乾元中寓居同谷县作歌七首》中写道："男儿生不成名身已老，三年饥走荒山道。"《别赞上人》诗则感叹："是身如浮云，安可限南北。"白居易也有"一为趋走吏，尘土不开颜"的诗句。苏轼则以"天意遣奔逃"[1]"身行万里半天下"[2]来形容士人奔走江海的艰辛。范成大《发荆州》诗中所谓"千山万水垂垂老"，幽怨之情显得尤其哀切。

江淹的《恨赋》也体现了这种对出行极端厌倦的情绪。他写道：

> 或有孤臣危涕，孽子坠心；迁客海上，流戍陇阴。此人但闻悲风汩起，泣下沾巾；亦复含酸茹叹，销落湮沉。

---

[1]〔宋〕苏轼：《次韵张安道读杜诗》。
[2]〔宋〕苏轼：《龟山》。

"迁""流"辛苦，以致"危涕""坠心""含酸茹叹""泣下沾巾"，悲绪满怀，心境消沉。

中国古代士人的人生追求，大多如《左传·襄公二十四年》中所说到的：

> 大上有立德，其次有立功，其次有立言，虽久不废，此之谓不朽。

他们为博取功名，不得不"迁""流""万里"，"横历天下"。即所谓"丈夫四方志，安可辞固穷？"[1]"四方男子事，不敢恨飘零"[2]"四方丈夫事，行矣勿咨嗟"[3]。站在考察文化史的基点上分析，应当肯定这种交通活动的积极意义，然而在诸如"丈夫出门无万里，风云之会立可乘"[4]这类豪言壮语的字句之间，仍然透露出因出行疲困劳瘁而产生的内心深处的哀怨。所谓"丈夫虽有四方志，客子终悲千里行"[5]，正是这种心境的写照。清代诗人张问陶《羁旅行》中写道："男儿生不识乡里，南船北马伊胡底。长剑销磨四海尘，萍蓬不得夸弧矢。"壮志终被消磨在行旅风尘之中。

---

① 〔唐〕杜甫：《前出塞》。
② 〔宋〕陆游：《夜思》。
③ 〔宋〕陆游：《鼓楼铺醉歌》。
④ 〔宋〕陆游：《胡无人》。
⑤ 〔宋〕陆游：《早发奴寨》。

由于以上说到的原因，纪行诗成为中国古代诗歌的一支主流，而表述对万里艰险之途的忧惧，成为经久不衰的吟唱的主题。

初唐诗人卢照邻有一首题为《早度分水岭》的诗作：

> 丁年游蜀道，斑鬓向长安。
>
> 徒费周王粟，空弹汉吏冠。
>
> 马蹄穿欲尽，貂裘敝转寒。
>
> 层冰横九折，积石凌七盘。
>
> 重溪既下漱，峻峰亦上干。
>
> 陇头闻戍鼓，岭外咽飞湍。
>
> 瑟瑟松风急，苍苍山月团。
>
> 传语后来者，斯路诚独难。

所谓"斯路诚独难"，究竟是说蜀道之难，还是"费周王粟""弹汉吏冠"的仕途之难呢？很可能二者兼而有之。

唐宪宗时，刑部侍郎韩愈上书谏止遣使往凤翔迎佛骨，得罪了皇帝，因而贬任潮州刺史，赴任途中作《左迁至蓝关示侄孙湘》一诗以寄情：

> 一封朝奏九重天，夕贬潮阳路八千。
>
> 欲为圣明除弊事，肯将衰朽惜残年。
>
> 云横秦岭家何在？雪拥蓝关马不前。
>
> 知汝远来应有意，好收吾骨瘴江边。

诗中表露了"虽九死其犹未悔"的愚忠，然而字里行间也可以透见贬斥边州，面对遥远的艰险行途的忧悸不安。唐代另一位与韩愈才具成就与遭遇都相类，并列为"唐宋八大家"的柳宗元，也曾作《别舍弟宗一》诗，抒发了同样的情怀：

> 零落残魂倍黯然，双垂别泪越江边。
>
> 一身去国六千里，万死投荒十二年。
>
> 桂岭瘴来云似墨，洞庭春尽水如天。
>
> 欲知此后相思梦，长在荆门郢树烟。

"一身去国""万死投荒"的经历，永远使诗人"零落残魂倍黯然"。

历代纪行诗中虽然确实也有如李白"朝辞白帝彩云间，千里江陵一日还，两岸猿声啼不住，轻舟已过万重山"这样豪放欢快的诗句，但绝大多数都如同所谓"悠悠行迈远，戚戚忧思深"①那样，带有浓重的哀怨之情。唐人宋之问有《高山引》：

> 攀云窈窕兮上跻悬峰，
>
> 长路浩浩兮此去何从？
>
> 水一曲兮肠一曲，
>
> 山一重兮悲一重。

---

① 〔晋〕陆机：《拟行行重行行》。

苏东坡曾有"郊寒岛瘦"的评价，说唐代诗人孟郊、贾岛诗风凄冷，有衰弱苦寒的风格。孟郊的纪行诗作中，可以看到"长安别离道，宛在东南隅。寒草根未死，愁人心已枯。促促水上景，遥遥天际途"①，"赤日千里火，火中行子心。孰不苦焦灼，所行为贫侵"②，"四时不在家，弊服断线多。远客独憔悴，春英落婆娑"③这样的诗句。贾岛《送人适越》中写道："迁客蓬蒿暮，游人道路长。"他还写出过许多如"因贫行远道"④"愁生为客途"⑤这类"读之使人不欢"⑥的诗句。其实，对于出行生活流露出这种伤感情绪的，并不仅仅是孟郊、贾岛这种苦吟诗人。旷达豪俊如李白，在《北上行》中也有透露出伤感的名句：

> 前行无归日，返顾思旧乡。
> 惨戚冰雪里，悲号绝中肠。

其诗"悲壮，读之使人感慨"⑦的岑参，也曾作《赴北庭度陇思家》：

---

① 〔唐〕孟郊：《送从叔校书简南归》。
② 〔唐〕孟郊：《赠竟陵卢使君虔别》。
③ 〔唐〕孟郊：《汴州别韩愈》。
④ 〔唐〕贾岛：《酬姚合校书》。
⑤ 〔唐〕贾岛：《宿孤馆》。
⑥ 《沧浪诗话》评语。
⑦ 《沧浪诗话》评语。

西向轮台万里余，也知乡信日应疏。

陇山鹦鹉能言语，为报家人数寄书。

就连自诩"平生铁石心"的陆游，也曾在《太息·宿青山铺作》中写道："太息重太息，吾行无终极。冰霜迫残岁，鸟兽号落日。秋砧满孤村，枯叶拥破驿。白头乡万里，堕此虎豹宅。道边新食人，膏血染草棘。""凄凄复凄凄，山路穷攀跻。仆病卧草间，马困声酸嘶。""客路少睡眠，月白闻号鸡。欲行且复止，虎来茆叶低。"叹息行旅生活艰辛和险恶的诗句，又如：

短帽障赤日，烈风吹黄沙。（《鼓楼铺醉歌》）

瘦犊应多恨，泥途伏短辕。（《行绵州道中》）

泥深三尺马蹄弱，霜厚一寸客衣薄。（《书驿壁》）

五更出门寒裂面，半夜燎衣泥满裤。（《木瓜铺短歌》）

在当时的交通条件下，行旅者不仅面临困苦艰难，而且往往要经历生死险境，这就是所谓"此生均是客，处处皆可死"①所反映的情形。陆游诗有"平生怕路如怕虎"②句，其实，行旅途中的真正的虎患，也常常直接威胁行人的生命安全。所谓"道边新食人，膏血染草棘"，就反映这样严酷的事实，可

---

① 〔宋〕陆游：《自兴元赴官成都》。

② 〔宋〕陆游：《上巳临川道中》。

能在古人行途中并不罕见。陆游又有《畏虎》诗：

> 滑路滑如苔，涩路涩若梯。
>
> 更堪都梁下，一雪三日泥。
>
> 泥深尚云可，委身饿虎蹊。
>
> 心寒道上迹，魄碎茆叶低。
>
> 常恐不自免，一死均猪鸡。
>
> 老马亦甚畏，惴惴不敢嘶。

"即今穷谷中，性命寄豺虎"[1]，在交通实践中要经常出入这样的险境，当然会使行旅者的心境，完全为沉郁灰暗的基色所笼盖。

"羁客垂垂老"[2]，"久客情怀恶"[3]。"行路难"于是成为中国古代诗歌萦回几千年的悲郁旋律。

《行路难》原本是民歌，经文人采撷加工成为诗体，因而以"行路难"为主题的古代诗歌所反映的绝不仅仅是文人心曲，而代表了社会普遍的行旅感受与共同的交通意识。

传说鹧鸪的叫声为"行不得也哥哥"，以感叹交通的艰难。杜鹃的叫声则为"不如归去"，以寄抒思乡的忧伤。宋人范成大《两虫》诗：

---

① 〔宋〕陆游：《长木夜行抵金堆市》。
② 〔宋〕陆游：《剑门关》。
③ 〔宋〕陆游：《南沮水道中》。

鹧鸪忧兄"行不得"，杜宇劝客"不如归"。

元人萨都刺《百禽歌》也写道：

> 万山雨暗泥滑滑，"不如归去"声亦干。
> "行不得也哥哥！"
> 九关虎豹高嵯峨，"行不得也哥哥！"

鹧鸪啼声"行不得也哥哥"所寄托的旅人情怀，在许多诗词中都有反映。宋人辛弃疾曾经在《菩萨蛮·书江西造口壁》中写道："青山遮不住，毕竟东流去。江晚正愁余，山深闻鹧鸪。"元人梁栋《四禽言》诗也写道：

> "行不得也哥哥！"湖南湖北秋水多。
> 九疑山前叫虞舜，奈此乾坤无路何？
> "行不得也哥哥！"

又如元人陈旅《题雨竹》诗：

> 江上鹧鸪留客住，黄陵庙下泊船时。

清人尤侗《闻鹧鸪》诗中所谓"鹧鸪声里夕阳西，陌上征人首尽低"及"遍地关山'行不得'，为谁辛苦尽情啼"的诗句，也说明鹧鸪"行不得也哥哥"的叫声，曾经怎样牵系着陆路和水路上每位旅人的情思。

清人周亮工在《书影》卷二中曾经这样写道："鹧鸪之声'行不得也哥哥'，又云'轴轳林磔'。唐韦庄诗云：'懊恼泽家非有恨，年年长忆凤城归。''懊恼泽家'，亦鹧鸪声也。"虽然译写成不同的文字，但是"轴轳"字皆从"车"，而"凤城归"亦强调"归"意。尤其"行不得也哥哥"更明朗地表达了劝阻行旅者不要再继续交通行程的意思。

Ⅱ 断肠人在天涯

元代散曲大家马致远曾经创作过一首千古传唱的小令《天净沙》：

> 枯藤老树昏鸦，小桥流水人家，古道西风瘦马。夕阳西下，断肠人在天涯！

真切地描绘出飘泊在外的行旅之人孤寂悲凉的心境。

中国古代除了学人和吏人之外，风尘仆仆奔走于道路的，还有军人、役人等。

军事行动往往是最大规模的有组织的交通运动。

战国时代，已经有参战兵额多达数十万的战役。公元前260年长平之战，秦俘虏赵军四十余万。公元前251年燕军攻赵，起兵六十万。公元前224年，秦将王翦率军破楚，全军六十万人。陈涉起义，遣兵数十万入关，章邯赦郦山徒授兵迎击，大破起义军，秦军数量也应当有数十万。章邯"为秦将三岁"，"所亡失以十万数"，降归项羽后仍有二十余万人。秦末起义军会集关中时，项羽军四十万，刘邦军十万。

中国古代战争规模之大，用兵之多，为世界所仅见。汉武帝时，多次动员数以十万计的军队开边定远，从而使南越归服，朝鲜置郡，匈奴俯首，羌人归顺。北边长城防线上，常年屯戍有大批军士。《史记·平准书》记载，汉帝国曾于"上郡、朔方、西河、河西开田官，斥塞卒六十万人戍田之"。

军人实际上是放下锄耒的农人。居延汉简所见屯戍军士的出身地，有地处当今河北、河南、山东、陕西、山西、四川的钜鹿郡、赵国、河内郡、河南郡、魏郡、弘农郡、梁国、南阳郡、淮阳郡、陈留郡、颍川郡、汝南郡、东郡、济阴郡、昌邑国、大河郡、京兆尹、汉中郡、河东郡、蜀郡，等等。确实正如《盐铁论·备胡》中所说到的：

> 今山东之戎马甲士戍边郡者，绝殊辽远，身在胡、越，心怀老母。老母垂泣，室妇悲恨。

"久去父母妻子，暴露中野，居寒苦之地"，使得良人远征，妇女闺怨，为千百年来诗人歌咏不已。

《诗·小雅·采薇》："昔我往矣，杨柳依依。今我来思，雨雪霏霏。行道迟迟，载渴载饥。我心伤悲，莫知我哀。"描述了长途行军的艰苦。汉诗还有抒发征人思归之情的《悲歌》：

> 悲歌可以当泣，远望可以当归。
>
> 思念故乡，郁郁累累。
>
> 欲归家无人，欲渡河无船。
>
> 心思不能言，肠中车轮转。

唐代诗人李颀在《古意》一诗中从另一角度描写的自以为"男儿事长征""由来轻七尺"的兵士心绪，更为凄切感人：

> 男儿事长征，少小幽燕客。
>
> 赌胜马蹄下，由来轻七尺。
>
> 杀人莫敢前，须如猬毛磔。
>
> 黄云陇底白雪飞，未得报恩不能归。
>
> 辽东小妇年十五，惯弹琵琶解歌舞。
>
> 今为羌笛出塞声，使我三军泪如雨。

卢照邻的《陇头水》中也写道：

> 陇阪高无极，征人一望乡。
>
> 关河别去水，沙塞断归肠。

马系千年树，旄悬九月霜。

从来共呜咽，皆是为勤王。

这些诗句中所抒发的并不仅仅是一般的离愁别恨，也真切地记录了"征人""出塞"，经历"陇坂""关河""沙塞"等交通险阻的内心体验。戴叔伦的《边城曲》中有"人生莫作远行客，远行莫戍黄沙碛"，"胡笳听彻双泪流，羁魂惨惨生边愁"的诗句。李益《从军北征》诗也吟诵道："天山雪后海风寒，横笛偏吹行路难。碛里征人三十万，一时回首月中看。"

似乎戍边军精神上的主要压力，不是来自"战士卧龙沙""宵眠抱玉鞍"①的艰苦生活，甚至不是面对"白骨似沙"②"山崩鬼哭"③时对死亡的恐惧，而是剪不断的望乡思归之情，正如曹松《塞上行》所谓"为君乐战死，谁喜作征夫？"

无论是远征戍边的军卒的普遍的真实的心态，还是从军文人基于自己感情的着意渲染，都是值得研究的文化现象。东汉马援将军有光照千秋的壮语：

男儿要当死于边野，以马革裹尸还葬耳，何能卧床上在儿女子手中邪？

---

① 〔唐〕李白：《塞下曲》。

② 〔宋〕张舜民：《西征回途中二绝》。

③ 〔唐〕常建：《塞下曲》。

"马革裹尸"一语，具有永久的鼓舞力量。苏轼在《赠李兕彦威秀才》诗中，就说道"誓将马车裹尸还，肯学班超苦儿女！"然而，为什么又一定要"还"呢？

与军事学家克劳塞维茨"战争是一种人类交往的行为"[1]的论点类似，马克思和恩格斯也曾经指出："战争本身""是一种通常的交往形式"。[2]从军，也使农人经历了与终日面对小片土地完全不同的生活场景，从而可以形成较前远为开阔的天下观。铁与血的艰苦磨炼，以及千万里远征的交通实践，又可以使得他们于柔韧之外，具有勇于历险的性格。一方面古代兵士们军靴下的征途洒满了血泪；另一方面，我们又听到他们响彻中国漫长的交通史的脚步声，很可能正与历史前进的节律相合。正是在战争的血路上驶过了文明的金车。不过，我们通过"戍客望边色，思归多苦颜"[3]，"旅思徒漂梗，归期未及瓜"[4]一类诗句，可以推知所谓"戍客""旅思"中有多少苦涩与辛酸，可以体味中国古代军人们要摆脱家族与乡土的牵系，要改变农人保守、闭塞的传统心理，是何等的艰难。

从秦汉时期起，大规模调发劳役成为专制主义政治统治

---

① 〔德〕克劳塞维茨：《战争论》第一卷，中国人民解放军军事科学院译，解放军出版社1964年版，第179页。
② 《德意志意识形态》，《马克思恩格斯选集》第一卷，人民出版社2012年版，第206页。
③ 〔唐〕李白：《关山月》。
④ 〔唐〕骆宾王：《晚度天山有怀京邑》。

下的一种重要的社会历史现象。

秦始皇经营自己的陵墓郦山，"天下徒送诣七十余万人"①。陕西临潼秦始皇陵西侧赵背户村发掘的秦陵修建工程劳役人员的墓地中，发现了19人的瓦文墓志，其中计有标志死者籍贯的地名14个，分别属于原三晋、齐、鲁和楚国故地。进行勘查和清理的考古工作者指出："瓦文和记载相互印证，说明修建始皇陵的大批刑徒，都从原山东六国诏调而来。"②通常以为秦始皇陵工程中直接"役作"的"徒"，有学者认为从瓦文墓志的内容看，其中有相当多的"居赀"服役者。"严格地说，'居赀'服役者并不等同于刑徒。"③这些"作者"的地位相当低下。秦始皇陵西侧赵背户村秦墓的葬式大多与秦人墓葬东西向的传统相一致，出土骨架100具，仅有4具为仰身直肢葬，绝大多数为蜷曲特甚的屈肢葬，与关中地区春秋战国时期秦国屈肢葬的蜷曲情况相同。这种现象，应该理解为关东劳役人员在专制制度下生前备极劳苦，死后仍被迫以秦人风俗就葬。④刘庆柱、白云翔主编的《中国考古学·秦汉卷》称此为"秦刑徒墓地"，认为"墓主是'居赀'（以服

---

① 《史记·秦始皇本纪》。另可参见王子今：《秦始皇陵复土工程用工人数论证》，《文博》1987年第1期；秦始皇兵马俑博物馆编：《秦俑学研究》，陕西人民教育出版社1996年版。
② 始皇陵秦俑坑考古发掘队：《秦始皇陵西侧赵背户村秦刑徒墓》，《文物》1982年第3期。
③ 高炜：《秦始皇陵的勘察与发掘》，中国社会科学院考古研究所编著：《新中国的考古发现和研究》，文物出版社1984年版，第389页。
④ 参见王子今：《秦王朝关东政策的失败与秦的覆亡》，《史林》1986年第2期。

劳役来抵偿因罪而被罚令缴纳财物的犯人）服役的刑徒"，指出"尽管墓主不是秦人，却按秦地的葬俗处理"。[1]除赵背户村外，秦始皇陵区还有其他劳役人员墓地发现。

秦代徭役内容最为苛重的是转输。服役人员苦不聊生，往往"自经于道树"，以致"道路死者相望"[2]，当时为军事目的输送粮饷的运程十分辽远：

> 天下蜚刍挽粟，起于黄、腄、琅邪负海之郡，转输北河。（《史记·平津侯主父列传》）
>
> 转负海之粟致之西河。（《史记·淮南衡山列传》）
>
> 输将自海上而来。（《新书·属远》）
>
> 发卒五十万使蒙公、杨翁子将筑修城，西属流沙，北击辽水，东结朝鲜，中国内郡挽车而饷之。（《淮南子·人间》）

役者远途转运的艰辛，可以想见。

汉代仍然时常组织这种大规模的长途转输活动。居延汉简有"车父名籍"简，"车父"，是用私车为政府转输的役人。从简文内容看，服役远至河西边防的"车父"，原籍有属于江淮地区、江汉地区的梁国、淮阳郡、南阳郡的。从《九章算

---

① 中国社会科学院考古研究所编著，刘庆柱、白云翔主编：《中国考古学·秦汉卷》，中国社会科学出版社2010年版，第114、116页。
② 《史记·平津侯主父列传》。

术·均输》提供的资料看，当时一个县的转输粟，就需要数千辆车转运。其中有这样的算题，"甲县粟八万三千一百斛，车三千三百二十四乘"，以"六人共车"计，就需要挽车的役人近两万人，而前面所列的条件中，甲县人口仅一万户。看来汉代史籍中所谓"丁女转输"及"老弱转粮饷"等说法，并不是没有根据的虚言。

南朝时流行于江汉地区的民歌《那呵滩二首》，表现了失去自由的役人生活。女子看到情人驶船离去，深情地唱道：

> 闻欢下扬州，相送江津湾。愿得篙橹折，交郎到头还。

希望篙橹折断，可以因此挽留情人。男子则对唱：

> 篙折当更觅，橹折当更安。各自是官人，那得到头还？

哀叹即使篙橹折断，为官家役使驱遣的人，也不能随意掉转船头回家。

流行于长江下游的民歌《懊侬歌》则唱道：

> 江陵去扬州，三千三百里。已行一千三，所有二千在。

对如此遥远的行程平淡视之，看来役人们已经对这种长途转运习以为常了。

149

历来社会经济遭到严重破坏，徭役征发失度常常是最主要的原因。秦朝和隋朝两代短促而亡，都是由于"赋敛愈重，徭戍无已"。宋人刘斧《青琐高议》后集卷五《隋炀帝海山记下》写道，隋炀帝御龙舟南下途中，夜半，闻歌声甚悲，其歌曰：

> 我兄征辽东，饿死青山下。
>
> 今我挽龙舟，又困隋堤道。
>
> 方今天下饥，路粮无些少。
>
> 前去三千程，此身安可保。
>
> 寒骨枕荒沙，幽魂泣烟草。
>
> 悲损闺内妻，望断吾家老。
>
> 安得义男儿，焚此无主尸。
>
> 引其孤魂回，负其白骨归。

远行服役者的悲歌，句句杂和着血泪。隋王朝的统治，正是在这种天下怨愤的情势下迅速崩溃的。

徭役是表现出农奴制残余的强迫劳动形式，由政府以超经济方式强制征调。其实，用历史主义的眼光看，社会在经历极度痛楚的另一面，也未必没有得到某种有益的偿报。农民背乡离井，看到更广阔的世界，改变了困守田畦的传统生产方式，投入有组织的集体劳动之中，从而提高了社会最广大的劳动阶级的素质。由于更为能够耐受苦难，由于经历过有组织的集体劳动实践，由于具有了除农活之外又兼而多能的生产技艺，由于逐步习惯了较为急骤的生活节奏，特别是由于千里服役而开拓了较为宽阔的文化视野，数以百万计的劳动人口于是能够在社会生活中释放出更大的能量。建立在强权基础上的军事专制帝国秦王朝与隋王朝所以迅速土崩瓦解，或许还由于起义者的素质有所变化，他们已经不完全是原先意义上的农人了。人们还注意到，正是在秦代、隋代之后，建设起了空前辉煌的汉唐文明。

当然，无论是服事军役还是劳役，役者自身大概都难以意识到这种经历对于文化进步的积极意义。人们直接体验到的苦痛和哀伤通过各种形式凝积下来，一代复一代地产生着长久的影响。

刘邦被项羽封为汉王，都南郑。在前往封地途中，诸将及士卒多有逃亡，"士卒皆歌思东归"。有的学者认为，汉《铙歌十八曲》中的《巫山高》，就是刘邦的部属们经历跋涉高山深水的交通实践之后，作为"远道之人"抒发愁苦哀怨之情的作品：

> 巫山高，高以大；
>
> 淮水深，难以逝。
>
> 我欲东归，害梁不为？
>
> 我集无高曳，水何梁。
>
> 汤汤回回。

　　　　临水远望，泣下沾衣。

　　　　远道之人心思归，谓之何。

就连风云一世的西楚霸王项羽，也不能超脱凡俗，而"心怀思欲东归"。有人劝他建都关中，以称霸天下。他说："富贵不归故乡，如衣绣夜行。"①楚汉两军最后在垓下决战，项羽军也是因为深夜听到四面唱起家乡的"楚歌"，于是军心涣散，一败涂地。

　　"富贵不归故乡，如衣绣夜行"，又见于汉高帝对范目语②，汉武帝对朱买臣语③，汉光武帝对景丹语④，应当体现了较为普遍的社会意识。

　　东汉时在西域活动达三十年，成功地巩固了东汉帝国在西域行政影响力的名将班超，在七十岁时"自以久在绝域，年老思土"，上疏说："狐死首丘，代马依风"，"臣超犬马齿歼，常恐年衰，奄忽僵仆，孤魂弃捐"，表示"不敢望到酒泉郡，但愿生入玉门关"。于是皇帝批准他回到洛阳。

---

① 《史记·项羽本纪》："人或说项王曰：'关中阻山河四塞，地肥饶，可都以霸。'项王见秦宫室皆以烧残破，又心怀思欲东归，曰：'富贵不归故乡，如衣绣夜行，谁知之者！'"
② 《华阳国志·巴志》："帝……送听还巴。谓（范）目曰：'富贵不归故乡，如衣绣夜行耳。'"
③ 《汉书·朱买臣传》："上谓买臣曰：'富贵不归故乡，如衣绣夜行，今子何如？'"
④ 《后汉书·景丹传》："帝谓丹曰：'今关东故王国，虽数县，不过栎阳万户邑。夫富贵不归故乡，如衣绣夜行，故以封卿耳。'"

班超早有"当效傅介子、张骞立功异域，以取封侯"之志，以经营西域之功，封为"定远侯"，然而到了衰老多病之时，仍然表露出强烈的思乡之情。①中国人历世不减的地方观念和乡土意识，也就是后来备受赞颂的所谓对"根"的眷恋，从历史上看，这曾经使我们的民族表现出一种强大的内聚力和趋于有序的文化倾向，然而另一方面，其狭隘与保守的特点也是十分明显的。

Ⅲ 心毒浮浪汉

中国古代的军人和役人，大多是被迫而非自愿地踏上漫长的行途的。而在中国传统社会，还有许多出于某种特殊的物质方面的利益追求或精神方面的理念追求而自发地出行的人们。他们除了旅途艰辛而外所承受的沉重的社会压力，可以更突出地反映出我们民族的文化传统对于交通行为的抑制。

在长久以来严格的抑商政策的影响下，从事贩运以谋利的商贾被贬抑为下等人，社会普遍把经商看作是一种卑贱的职业。秦代发贾人"谪戍"，把商人和罪犯看作同一等级。西汉也曾实行这一政策。汉代还曾规定商人不许穿丝绸衣服、不许乘车骑马、不许做官、不许购买土地，等等。使用种种

---

① 参见《后汉书·班超传》。

行政措施"以困辱之"①。

晋武帝泰始年间（265—274），曾经"申戒郡国计吏守相令长，务尽地利，禁游食商贩"②。晋王朝的法令还规定，市场上的商贩要用特殊的穿着标示自己的身份，"侩卖者，皆当着巾，白帖额，题所侩卖者及姓名，一足着白履，一足着黑履"③。让他们一只脚穿白鞋，一只脚穿黑鞋，也潜含着在交通形式上进行特殊标记的意义。

不仅两晋和江左各王朝都曾经奉行传统的抑商政策，就连北方更多地继承游牧族文化传统的割据政权，即使在充满战乱的动荡时期，也始终没有缓解对商贾的压抑。这种政策也有限制交通条件的形式。前秦政权的最高统治者苻坚，在公元364年，就曾经针对"商贩丑竖，市郭小人，车马衣服，僭同王者""伤风败俗，有伤圣化"，下令规定："非命士以上，不得乘车马于都城百里之内。金银锦绣，工商、皂隶、妇女不得服之。"违犯者处"弃市"之刑。④

后世历代王朝都执行大体与此相同的抑商政策。直到明代，商人的社会地位一直是很低的，例如，洪武十四年（1381）就曾经下令："农民之家，许穿䌷纱绢布。商贾之家，止许穿布。农民之家，但有一人为商贾者，亦不许穿䌷纱。"⑤

---

① 《史记·平准书》。
② 《晋书·武帝纪》。
③ 《太平御览》卷八二八引《晋令》。
④ 参见《晋书·苻坚载记上》。
⑤ 《农政全书》卷三《农本·国朝重农考》。

　　中国古代还有一种逃脱户籍，四处流浪为生的所谓"浮浪人"。《隋书·食货志》说："其无贯之人，不乐州县编户者，谓之'浮浪人'，乐输亦无定数，任量，准所输，终优于正课焉。"由于他们能够部分逃脱政府的苛重剥削，因而备受统治者忌恨。可是值得注意的是，民间社会舆论对这些人也深怀鄙视。王梵志的《父母是冤家》诗，就痛骂这种"身役不肯料，逃走离家里"的人，是不如"虫蛇"的"忤逆子"。另一首《天下浮逃人》诗也写道：

> 天下浮逃人，不啻多一半。
> 南北踯纵横，诳他暂归贯。
> 游游自觅活，不愁应户役。
> 无心念二亲，有意随恶伴。
> 强处出头来，不须曹主唤。
> 闻苦即深藏，寻常拟于算。
> 欲似鸟作群，惊即当头散。
> 心毒无忠孝，不过浮浪汉。
> 此是五逆贼，打煞何须案。

"五逆"是佛教用语，指五种极深极重的罪恶，即杀父、杀母、杀阿罗汉、由佛身出血、破和合僧。"浮浪汉"因为"南北踯纵横""游游自觅活"，就被痛斥为"打煞何须案"的"五逆贼"，原因就在于"心毒无忠孝"，拒绝输役，又离开了家族，背离了封建道德的基本准则——"忠孝"二字。"忠孝"，实在是两条又粗又长的绳索，绞杀着我们民族文化的活力。

不妨指出，中国神话中那位神勇异能的哪吒，就是神界中著名的"不忠不孝"的"孽子"，而他恰恰拥有可以飞驰云际的"风火轮"。据宋人辑《三教源流搜神大全》卷七记载：

> 哪吒本是玉皇驾下大罗仙，身长六丈，首带金轮，三头九眼八臂，口吐青云，足踏盘石，手持法律，大嗷（喊）一声，云降雨从，乾坤烁动。

这所谓"足踏盘石"，后来演化成哪吒独有的宝物"风火轮"。据说哪吒初生五日，就化身浴于东海，脚踏水晶殿。龙王怒而索战，哪吒杀九龙，又杀诸魔之领袖石记，激怒其父李靖，欲杀之。哪吒于是"将刀在手，割肉还母，剔骨还父，还了父精母血"，释迦牟尼于是"折荷菱为骨，藕为肉，丝为胫，叶为衣而生之"。宋普济《五灯会元》卷二也说："哪吒太子，析肉还母，析骨还父，然后现本身，运大神力。"《封神演义》第十四回记述哪吒得风火轮经过：

> 真人传哪吒火尖枪，不一时已自精熟。哪吒就要下山报仇。真人曰："枪法好了，赐你脚踏风火二轮，另授灵符秘诀。"真人又付豹皮囊，囊中放乾坤圈、混天绫、金砖一

156

块，"你往陈塘关去走一遭。"哪吒叩首，拜谢师父，上了
风火轮，两脚踏定，手提火尖枪，迳往关上来。诗曰：两
朵莲花现化身，灵珠二世出凡尘。手提紫焰蛇矛宝，脚踏
金霞风火轮。……

哪吒"割肉刻骨还父"，因而才能够神力无穷，日行万里，遨
游天际。

哪吒神话的原型，一说取自毗沙门天王之子哪吒太子的
事迹。似乎是吸收了外来的文化因素，才产生了这种无君无
父的"神行"的英雄。《西游记》中神通广大、一个筋斗翻十
万八千里的孙悟空，原本是石猴出身，有的学者认为，其形
象的塑成，也受到印度史诗《罗摩衍那》中"风神之子"神
猴哈努曼的影响。

除了"浮浪人"，在中国古代，平生漫游四方的还有行踪
无定的云游僧道们。他们行历四方，求师问道，"云游恣霞
宿"①"海夜与龙期"②，全身心浸浴在充满宗教理想之光的
祥和自由的境界中。宋代僧人可士曾经作有《送僧诗》："一
钵即生涯，随缘度岁华。是山皆有寺，何处不为家。笠重吴
天雪，鞋香楚地花。他年访禅室，宁惮路歧赊！"就表现了这
种生活的特殊情趣。

---

① 〔唐〕李益:《入华山访隐者经仙人石坛》。
② 〔唐〕司空曙:《寄天台秀师》。

士人也有对这种生活情趣表示欣赏的。苏轼曾经写过一组《次韵子由所居六咏》诗，其四写道：

> 井水分西邻，竹荫借东家。
> 萧然行脚僧，一身寄天涯。

他在《与广西宪曹司勋帖》中曾经写道："某惟少子随侍，全是一行脚僧，但吃些酒肉耳。"士大夫要享受行脚僧的精神自由，但仍然要"吃些酒肉"，因为终竟不能耐受物质上的清苦和旅途的艰辛。范成大《题南塘客舍》诗中，有这样的诗句：

> 君看坐贾行商辈，谁复从容唱《渭城》？

诗人体味到同是出行，而心境或各有不同。其实，无论是谁，对于旅行艰苦的直接体验应当是大体相近的。唐人魏扶所作的一字至七字诗《赋愁》，综述愁思种种，大多是行旅在外的感受：

> 愁。
> 迥野。深秋。
> 生枕上。起眉头。
> 闺阁危坐。风尘远游。
> 巴猿啼不住。谷水咽还流。

送客泊舟入浦。思乡望月登楼。

烟波早晚长羁旅。弦管终年乐五侯。

如果说行商孜孜逐利，浮逃人浪迹天涯，行脚僧道萧然远游，是与军人、役人、吏人、学人情形有所不同的出行活动，这或许是因为他们对农业小生产方式主要表现为土地和家族的束缚，表现出了较为积极果敢的态度。正因为如此，他们历代都被看作背弃"本业"的下流末民，从而备受歧视。

宋代诗人高翥曾作《船户》诗：

尽将家具载轻舟，来往长江春复秋。

三世儿孙居柁尾，四方知识会沙头。

老翁晓起占风信，少妇晨妆照水流。

自笑此生漂泊甚，爱渠生理付浮悠。

"四方知识"，原意是指四面八方熟识的人。如果我们以"知识"的现代语意来理解，或许也并不背离诗人的本意。就是说，可以理解为他们具有某种意义上的文化的优势。尽管如此，这些从事转运而世代漂泊的船户，社会地位却非常低下，有的地区直至近代还被称为"水上人"或"疍民"，被看作等级低于陆上人的贱民。究其原因，无非是他们的营生手段与以土地为根基的封建农业经营方式存在着差异。

第六章 桃花源梦想及其文化背景

无才不敢累明时，思向东溪守故篱。

岂厌尚平婚嫁早，却嫌陶令去官迟。

草堂蛩声临秋急，山里蝉声薄暮悲。

寂寞柴门人不到，空林独与白云期。

〔唐〕王维：《早秋山中作》

Ⅰ 老死不相往来：自然经济限定的交往意识

晋代文学家陶渊明曾作《桃花源记》，虚构了一处与世隔绝、人人丰衣足食的乐土。他写道：

> 晋太元中，武陵人捕鱼为业，缘溪行，忘路之远近。忽逢桃花林，夹岸数百步，中无杂树，芳草鲜美，落英缤纷。渔人甚异之。复前行，欲穷其林。林尽水源，便得一山。山有小口，仿佛若有光。便舍船，从口入。初极狭，才通人。复行数十步，豁然开朗。土地平旷，屋舍俨然。有良田、美池、桑竹之属。阡陌交通，鸡犬相闻。其中往来种作，男女衣着，悉如外人。黄发垂髫，并怡然自乐。见渔人，乃大惊。问所从来，具答之。便要还家，设酒杀鸡作食。村中闻有此人，咸来问讯。自云先世避秦时乱，

率妻子邑人来此绝境，不复出焉，遂与外人间隔。问今是
何世，乃不知有汉，无论魏晋。此人一一为具言所闻，皆
叹惋。余人各复延至其家，皆出酒食。停数日，辞去。此
中人语云："不足为外人道也。"既出，得其船，便扶向路，
处处志之。及郡下，诣太守，说如此。

太守即遣人随其往，寻向所志，遂迷，不复得路。南
阳刘子骥，高尚士也。闻之，欣然规往，未果，寻病终。
后遂无问津者。

这种远避世间祸乱，人人怡然自乐的理想境界，后人称之为
"世外桃源"。有学者曾经指出，这种入"绝境"而避世的情
形，在大规模的农民战争及其他社会动乱发生之后是确实存
在的，这也是新的王朝所控制的民户数字往往大幅度骤减的
主要原因之一。"脱籍农民""摆脱了""王朝的控制"，"免除
了国家的赋税和徭役"。"农民不纳赋税，这些财富就有可能
用之于生产，不服徭役，就使农民有较多的时间和兴趣进行
农业生产，提高产量。"因此，以"汉初七十年"为例，"那
些生产发展最快，因而也是社会财富增长最多的地区，就是
'亡人'最多的地区"。①

《桃花源记》虽然是文学作品，却无疑是有社会生活的实
际根据的。作者很可能是听到过有关的传闻，经过一定的加

---

① 孙达人：《秦末农民战争后的社会和汉初生产力的发展》，《陕西师范大
学学报（哲学社会科学版）》1978年第2期。

工，将传说创作成美文。正因为有历史的依据，才具有所谓
"语时事则指而可想，论怀抱则旷而且真"①的魅力。

《三国志·魏书·田畴传》记载，汉末天下大乱，右北平
无终（今天津蓟州区）人田畴"率举宗族他附从数百人""入
徐无山中"，重新开辟了一处与外界相对隔绝的经济地域，
"营深险平敞地而居，躬耕以养父母。百姓归之，数年间至五
千余家"，竟然"众成都邑"。于是又"推择其贤长者以为之
主"，"为约束相杀伤、犯盗、诤讼之法，法重者至死，其次
抵罪，二十余条。又制为婚姻嫁娶之礼，兴举学校讲授之业，
班行其众，众皆便之，至道不拾遗"。田畴经营的这一处"新
经济区"，其实就是一处成功的"桃花源"，只不过与世隔绝
的程度与陶渊明笔下的"桃花源"有一定的区别。

"桃花源"那种"与外人间隔"的生活秩序能够成立，是
以一定的经济结构为条件的。"桃花源"成为洞见世事的有识
文人笔下加以美化的理想，说明这种经济结构对于社会文化
的深刻影响。

在中国古代，自给自足的自然经济长期占据着绝对的支
配地位。始终作为整个社会的主体经济形式的传统农业，几
千年来都是以个体方式经营，一家一户就是一个生产单位，
同时也是一个消费单位，从生产到消费的反复的简单循环，
形成了一个极其狭小的封闭圈。从反映东汉时期洛阳地区农

---

① 〔南朝梁〕萧统：《陶渊明集序》。

业经济的典型文献《四民月令》的内容看，当时农村庄园的经营范围，除以大田作物为主外，亦兼及蔬菜、果树及染料作物；竹木除竹、桐、梓、松、柏外，还包括漆。此外，蚕桑也被作为主要的经营内容；野生植物采集的对象多达二十余种，相当一部分作为药用。庄园内还有酒、醋、酱、饴糖、脯腊、果脯、腌菜等加工酿造活动。此外，有禽畜牧养，有纺绩织作，有农具兵器修造，有贱买贵卖的周期性商业活动，有配制药剂的卫生医疗准备，有培养子弟的文化教育设施，还有卫护庄园的武装配备等。

生活于公元前1世纪的王褒为我们留下了当时规定奴婢职责的文书《僮约》。其中写道，"奴当从百役使"，"晨起洒扫，食了洗涤，居当穿臼、缚帚、裁盂、凿井、浚渠、缚落、鉏①园"，同时还要"垂约刈刍"，"黏雀张乌，结网捕鱼，缴雁弹凫，登山射鹿，入水捕龟，浚园纵鱼，雁鹜百余，驱逐鸥鸟，持梢牧猪，种姜养羊，长育豚驹"，而且"舍后有树，当裁作船"，还要"持斧入山，断榖裁辕"，"治舍盖屋，书削代牍"，等等。可见这样的大农户已经形成自给自足的经济单位，成为"闭关自守的整体，同外界很少联系"②，进入一种"劳动者的麻木状态"③。《颜氏家训·治家》中说到魏晋南北朝时

① "鉏"，就是"锄"。
② 《俄国资本主义的发展》，《列宁全集》第3卷，人民出版社2013年版，第161页。
③ 《论左派民粹派》，《列宁全集》第25卷，人民出版社2013年版，第162页。

地主"治家"的原则：

> 生民之本，要当稼穑而食，桑麻以衣。蔬果之畜，园场之所产；鸡豚之善，坍圈之所生。爰及栋宇器械，樵苏脂烛，莫非种植之物也。至能守其业者，闭门而为生之具以足，但家无盐井耳。

除了食盐需仰赖外部而外，"闭门而为生之具以足"。

恩格斯在《社会主义从空想到科学的发展》中指出："在中世纪的社会里，特别是在最初几世纪，生产基本上是为了供自己消费。它主要只是满足生产者及其家属的需要。在那些有人身依附关系的地方，例如在农村中，生产还满足封建主的需要。因此，在这里没有交换，产品也不具有商品的性质。农民家庭差不多生产了自己所需要的一切：食物、用具和衣服。"①他在论述英国前资本主义社会形态时还曾经指出："农民当时十分虔诚地、安分守己地过着平静和安宁的生活，生活中没有许多操心的事，但也没有什么变动，没有普遍利益，没有文化教育，没有精神劳动；他们还处在有史以前的阶段。"他们"对任何共同的利益和精神需求漠然处之，处在还没有社会、还没有生活、没有意识、没有活动的社会幼年

---

① 《社会主义从空想到科学的发展》，《马克思恩格斯选集》第三卷，人民出版社2012年版，第803页。

时期"。①马克思在论述法国农民社会的形态时，用"一袋马铃薯"和"袋中的一个个马铃薯"作譬喻，他指出：

> 小农人数众多，他们的生活条件相同，但是彼此间并没有发生多种多样的关系。他们的生产方式不是使他们互相交往，而是使他们互相隔离。这种隔离状态由于法国的交通不便和农民的贫困而更为加强了。……每一个农户差不多都是自给自足的，都是直接生产自己的大部分消费品，因而他们取得生活资料多半是靠与自然交换，而不是靠与社会交往。……这样，法国国民的广大群众，便是由一些同名数简单相加而形成的，就像一袋马铃薯是由袋中的一个个马铃薯汇集而成的那样。②

中国古代，各个农户之间"互相隔离"的情形更为典型。从辽宁辽阳三道壕西汉村落遗址发掘的情况看，各个居住遗址虽然互相托傍，形成村落，但住户相互之间都保持一定的距离，相互间没有界畔。③这处遗址处于北边长城防区，很可能是政府组织的政治移民或者退役士兵屯垦，居邑阡陌应当是

---

① 参见《英国状况》，《马克思恩格斯全集》第 3 卷，人民出版社 2002 年版，第 536 页。
②《路易·波拿巴的雾月十八日》，《马克思恩格斯选集》第一卷，人民出版社 2012 年版，第 762 页。
③ 参见东北博物馆：《辽阳三道壕西汉村落遗址》，《考古学报》1957 年第 1 期。

按照统一的理想模式规划的。正是以分散隔离的农户为基础，建立起了高度集权的大一统的专制帝国。因此，在中国古代，交往所受到的限制，以及由此导致的文化封闭的特点尤其显著。

在春秋战国社会剧烈动荡的时期，各派社会力量的代表人物纷纷提出自己所规划的理想社会模式，曾经形成了"百家争鸣"的繁荣气象。

当时，旧制度"礼崩乐坏"，战乱劫夺连年不绝，以下侵上成为风气。于是许多思想家歌颂尧舜，咏叹昨是今非，在对往古的回想中寻找救世良方。老子也提出了崇尚寡欲少私、知足知止的思想，直至最后走到了反文明的极端。他提出："绝圣弃智，民利百倍。绝仁弃义，民复孝慈。绝巧弃利，盗贼无有。"他甚至主张禁绝一切社会交往，"使人重死而不远徙"，"虽有舟舆，无所乘之"，"安其居，乐其俗，邻国相望，鸡狗之声相闻，民至老死，不相往来"。

老子把原始社会解体时期的农村公社的社会结构作为理想的社会模型。他的主张，从来没有被后世统治者全面采纳。然而不幸的是，回顾两千多年的历史，人们惊异地发现，他在社会交往方面主张停滞倒退的设想，几乎具有预言性的意义。

《四民月令》中规定，每年有固定的时间"培筑垣墙"，还必须"缮五兵，习战射，以备寒冻穷厄之寇"。《僮约》也说，当时的奴僮还有"枨门柱户，上楼击鼓，椅盾曳矛"的职责。东汉墓葬中普遍随葬的陶质坞壁模型，是当时出现防

169

卫能力极强的庄园的写照。这些庄园有高壁碉楼围护，内中储积丰厚，各种设施一应俱全。可见，这种封闭隔绝的社会组织，已经以武装作为存在的条件。

汉魏六朝"闭门而为生之具以足"的经济组织，实际上长久成为中国传统经济的理想定式。柳宗元在《送从弟谋归江陵序》中，说到唐代地主经济的封闭形式：

> 树之谷，艺之麻，养有牲，出有车，无求于人。

白居易有著名的《朱陈村》诗，详尽描绘了唐代农村经济极其浓厚的自然经济色彩：

> 徐州古丰县，有村曰朱陈。
> 去县百余里，桑麻青氛氲。
> 机梭声札札，牛驴走纷纷。
> 女汲涧中水，男采山上薪。
> 县远官事少，山深人俗淳。
> 有财不行商，有丁不入军。
> 家家守村业，头白不出门。
> ……

农人甚至就近婚嫁，"一村唯两姓，世世为婚姻，亲疏居有族，少长游有群"，"生者不远别，嫁娶先近邻"。

　　宋代张乖崖任崇阳县令，路遇村人买菜一束，出城门而问之，原来是近郊农家。于是大怒，严令"笞之四十"，叱之曰："尔有地而市菜，惰农也！"直到商品经济已经得到一定程度发展的明清时代，社会上还流行着自给者荣而市易者耻的观念。《实证录》卷二《小民生计》说："谚云：十亩田一亩园，一亩园十亩田。古人以百亩之家，蔬果取足于市里，里正报罚。"明人庞尚鹏在他的《家训》中甚至规定：家中女子凡六岁以上者，均按年龄不同发给棉麻，"听其贮为嫁衣"。"妇初归"，也"俱令亲自纺绩，不许雇人。丈夫岁月麻布衣服，皆取给于其妻"。此外，还规定"菜蔬各于园内栽种"，以为"家有余地而买菜给朝夕，彼冗食者何事乎？"清人张英也曾在《恒产琐谈》中历数乡居自给自足之乐："居乡则可以课耕数亩，其租倍入，可以供八口。鸡豚畜之于栅，蔬菜畜之于圃，鱼虾畜之于泽，薪炭取之于山，可以经旬屡月不用数钱。""女子力作，可以治纺绩，衣布衣，策蹇驴，不必鲜华。"他以为乡居的一大优点还在于应酬之寡，"即偶有客至，亦不过具鸡黍"。

　　中国古代，正是在这种经济结构之上建立起高度集权的专制统治的稳固秩序。农人在极端封闭的环境中生息劳作，"生者不远别"，"头白不出门"。透过这种所谓"无求于人"的满足，可以感受到历史文化的脉搏近于凝死的缓重。

　　中国传统医学讲究所谓血气形志论。《黄帝内经·素问》说，"切脉动静"，综合参考其他因素，可以"决死生之分"。就是说，"脉之盛衰者，所以候血气之虚实"。其中还说道，

"夫脉者，血之府也"，"代则气衰；细则气少；涩则心痛；浑浑革至如涌泉，病进而色弊；绵绵其去如弦绝，死"。交通形式，正犹如民族文化的血脉。如果细弱欲绝，必然象征着民族文化"血气"的衰竭。

马克思和恩格斯曾经对交通的发展于社会进步的积极意义，给予了肯定的评价。他们谈到中世纪的城市，当时，由于"各城市之间的有限交往和少量联系""都妨碍了分工的进一步发展"，"由于交往不发达和流通不充分"，资本"没有实现的可能"。[1]历史的进步，表现为"商人这一特殊阶级的形成"。商人的活跃，"这样就产生了同邻近地区以外的地区建立贸易联系的可能性，这种可能性之变为现实，取决于现有的交通工具的情况，取决于政治关系所决定的沿途社会治安状况（大家知道，整个中世纪，商人都是结成武装商队行动的）以及取决于交往所及地区内相应的文化水平所决定的比较粗陋或比较发达的需求"。[2]随着通商的扩大，城市彼此发生了联系，最初的地域局限性才开始逐渐消失。

他们指出："在中世纪，每一城市中的市民为了自卫都不得不联合起来反对农村贵族：商业的扩大和交通道路的开辟，使一些城市了解到另一些捍卫同样利益、反对同样敌人的城

---

[1] 参见《德意志意识形态》，《马克思恩格斯选集》第一卷，人民出版社2012年版，第186—187页。
[2] 参见《德意志意识形态》，《马克思恩格斯选集》第一卷，人民出版社2012年版，第187页。

市。从各个城市的许多地域性市民团体中，开始非常缓慢地产生出市民阶级。"①

　　而中国的情形则并不相同，根深蒂固的自然经济所造成的交通状况的落后和交往意识的薄弱，成为近代化进程步履维艰的重要原因之一。

　　马克思和恩格斯在谈到"分工的进一步扩大是生产和交往的分离，是商人这一特殊阶级的形成"时，指出"这种分离在随历史保存下来的城市（其中有住有犹太人的城市）里被继承下来，并很快就在新兴的城市中出现了"。②他们特别强调"住有犹太人的城市"，是值得深思的。

　　犹太人经过长期艰苦的流离转徙，散布于世界各地，他们基本上集中居住于城镇，到处经营商业、经营高利贷，成为经济生活中能动性极强的特殊的民族。自称来自天竺西域的开封一赐乐业教（以色列教）人，就是犹太人。犹太人足迹遍及四海，他们尽管孤立于他国异教的环境中，仍然能够保持自己的信仰。康德曾经指出，一般有自己宗教信仰的群体，一进入另一宗教信仰的汪洋大海中，自己的信仰就会逐渐消失，以致终于会同周围的信仰融为一体。犹太人所以例外，是因为他们很早就有成文的和较为完整的经典，这样的人在与不

---

① 《德意志意识形态》，《马克思恩格斯选集》第一卷，人民出版社 2012 年版，第 197 页。
② 参见《德意志意识形态》，《马克思恩格斯选集》第一卷，人民出版社 2012 年版，第 187 页。

同信仰系统的人，尤其是与那些没有成文经典而只是在习俗仪式上有所不同的人相处，就会保持自己固有的宗教信仰。

不过，康德所总结的这一历史规律却并不适用于开封犹太人的情况。开封犹太人《重建清真寺记》中说到，他们祖上"出自天竺，奉命而来"，"进贡西洋布于宋，帝曰：'归我中夏，遵守祖风，留遗汴梁'"。可见宋帝国并未对他们施行强迫同化的政策，所谓"遵守祖风"，就是允许他们保持自己原有的宗教信仰和风俗习惯。事实上，开封犹太人有自己的宗教经典，有传播教义的人，有专有的庙宇，而周围，恰恰是并无明确宗教信仰的汉族。可是，他们却出人意料地，在不长的时间内被汉族同化了。开封犹太人被同化的历史过程中，汉族对外来文化宽容的态度和允许开封犹太人平等地参加科举考试、参与政治生活等措施，以及相互通婚等，都成为重要的因素，而这种"同化"的实现，归根到底是"经济情况"决定的。在中国自给自足的自然经济的汪洋大海之中，作为商人、高利贷者、医生和工匠，他们已经不可能长久地承续原有的经营方式，不得不仿效当地人的生产与生活方式。他们不仅衣着、语言与当地人已经毫无二致，就连祖祭、丁忧、婚娶丧葬之礼等，也有同样的情形。根据珀尔曼的记述，他们"仍不食猪肉，大多数仍娶同族为婚"，有人补行割礼，"葬用棺式与汉人者不同，死人不衣，但用白布缠身"，然而却"薙头，辫发，衣着悉同华人"，"女子亦缠足"，"他们亦自云系犹太人之后，但外表上已一点也看不出"。

174

中国文化传统的神奇力量，使这样一个在长久的流亡生活中始终保持着自己的民俗特色，原本极善于在交通活动中经历磨难、在交往关系中寻求生机的民族，竟然终于也被更为古老的文化所融合，禁闭在安土重迁的观念桎梏里，植根在自然经济的深沃厚土中了。

Ⅱ 山林隐逸现象

众所周知，中国古代政权有一个独有的特色，就是特别注重网罗天下士人，竭力把他们都组装到中央集权的专制政体这部庞大的政治机器上。《唐摭言》卷一"述进士"写到，唐太宗曾私幸端门，看到新进士"缀行而出"，高兴地说："天下英雄入吾彀中矣！"彀中，即弓弩射程所及的范围。中国古代士人就是这样最大限度地被吸引到政界中来，并往往把仕途作为唯一的前途，把职位品级的升迁视为人生奋斗的唯一目标。统治阶层也因此扩大了政权的基础，削弱了敌对势力。这种畸态的人才分布特点，是中国长期以来政治专制机器严密而完备，而科学技术相对落后的重要原因之一。

然而另一方面，历代又都有一部分知识分子隐居山林，远遁不仕。他们清高孤介，知命达理，视富贵若浮云。隐士的人生观，虽不积极，然而乐观。探讨隐士的风格和意境，可以说恰如在中国传统文化充满霉蠹积尘的故纸堆中，感受到拂面吹来了一缕山野的清风。

隐士，又有处士、高士、逸士、幽人、隐者、隐君子等称呼。说起隐士，一般都先提到不食周粟，在首阳山采薇的伯夷、叔齐。许多有作为的政治家，也都曾经隐居山林，如诸葛亮、李泌、刘伯温等。苏雪林在《唐诗概论》中说，"8世纪以后的文士诗人，大都在山中隐居一度或几度"，"建安以来的宫廷都市文学，到了这时变为山林田园文学，其关键在此"。

山林隐逸现象，是中国古代独具特色的文化现象。

嵇康《述志诗》写道"岩穴多隐逸，轻举求吾师"，孟浩然《寻白鹤岩张子容隐居》诗也有"白鹤青岩畔，幽人有隐居"的诗句。陶渊明曾任彭泽令，由于不愿束带折腰以迎督邮，于是挂冠归田，他的《归田园居》诗以平淡而真实见胜，其中就表露了立志隐居的心愿：

> 少无适俗韵，性本爱丘山。
>
> 误落尘网中，一去三十年。
>
> 羁鸟恋旧林，池鱼思故渊。
>
> 开荒南野际，守拙归田园。
>
> 方宅十余亩，草屋八九间。
>
> 榆柳荫后檐，桃李罗堂前。
>
> 暧暧远人村，依依墟里烟。
>
> 狗吠深巷中，鸡鸣桑树巅。
>
> 户庭无杂尘，虚室有余闲。
>
> 久在樊笼里，复得返自然。

这位《桃花源记》的作者愿意隐居在所爱恋的"丘山"之间的远村里。他所说的"自然"，其实有"自由"的意义。陶渊明被称为"古今隐逸诗人之宗"①，《西清诗话》说："渊明意趣真古，清淡之宗；诗家视渊明，犹孔门视伯夷也。"唐代诗人孟浩然，就是陶诗热心的崇拜者，他曾经隐居在鹿门山中。②通过李白的《赠孟浩然》诗，可以对他这种隐居生活有更深切的认识：

> 吾爱孟夫子，风流天下闻。
>
> 红颜弃轩冕，白首卧松云。
>
> 醉月频中圣，迷花不事君。
>
> 高山安可仰，徒此挹清芬。

唐代诗人中还有隐于茅山的顾况、隐于嵩山的孟郊、隐于少室山的卢仝、隐于王屋山的李商隐、隐于鹿门山的皮日休、隐于丹阳曲阿的张祜、隐于松江甫里的陆龟蒙等，都有佳作传世。以浪漫豪放见称的李白，也曾经数次隐居，他起初从东严子隐于岷山之阳，后来又同孔巢父等隐于徂徕山，天宝

---

① 〔南朝梁〕钟嵘：《诗品》。

② 宋诗仍颇多标榜"和陶"者，表现出类同的文化倾向。参见金甫暻：《苏轼"和陶诗"考论——兼及韩国"和陶诗"》，复旦大学出版社 2013 年版；王子今：《宋诗的"止酒"主题》，《四川大学学报（哲学社会科学版）》2021 年第1期。

初年又与吴筠一同隐居于剡中，天宝十四载（755）又入隐庐山。他的《山中与幽人对酌》《山中答俗人》《送裴政韩准也巢父还山》等诗作，都作于隐居期间。

王维官至太乐丞、右拾遗，但晚年得辋川别业，遂与世绝。他的《春日与裴迪过新昌里访吕逸人不遇》，吐露出对隐居生活倾心欣赏的态度：

> 桃源一向绝风尘，柳市南头访隐沦。
> 到门不敢题凡鸟，看竹何须问主人。
> 城外青山如屋里，东家流水入西邻。
> 闭户著书多岁月，种松皆老作龙鳞。

宋代隐逸诗人以林逋较为著名，从他的《湖上隐居》诗，可以看到这种与世隔绝的生活的幽静而多趣：

> 湖水入篱山绕舍，隐居应与世相违。
> 闭门自掩苍苔色，来客时惊白鸟飞。
> 卖药比尝嫌有价，灌园终亦爱无机。
> 如何天竺林间路，犹到秋深梦翠微。

虽然同是隐士，内心世界却往往全然不同。林逋的《深居杂兴六首小序》中说："诸葛孔明、谢安石畜经济之才，虽结庐南阳，携妓东山，未尝不以平一宇内，跻致生民为意。"有的隐士，确实以隐居待时，出则为王者师作为理想际遇。曾巩说"潜遁幽抑之士，其谁不有望于世？"范仲淹说"处江湖之远，则忧其君。"主张隐士也应相机介入政治生活。

南宋时期本身有丰富的政治生活经历，始终积极参议军政大事的陆游，在《过野人家有感》中却写道："躬耕本是英雄事，老死南阳未必非。"历史上确实也有无条件地始终坚持不从政态度的隐士，如巢父、严光等，以隐居山林的生活终其一生。这种终生寄意流云松风的隐者，恐怕大多没有在历史上留下姓名。

韩愈在《后二十九日复上宰相书》中写道："山林者，士之所独善自养，而不忧天下者之所能安也。如有忧天下之心，则不能矣。"事实上，隐士之中有以在野之身应在朝之命者，有以在野之名务在朝之实者，甚至有以在野之途求在朝之位者。种种以退为进的诡道，使得隐逸生活未必那么恬静清雅。有学者指出，大约汉代以前的隐士希望社会能遗忘他们，有所创作则藏之名山，所以很少看到这一时期他们抒发胸中不平的作品。汉代以后，隐士起了质的变化，他们企图利用民众的崇拜来谋求富贵显达，其作品自然也力求表现自己，希求引起社会的关注。

我们不准备在这里讨论中国古代隐士的参政意识与参政机会。无论是终身的隐士也罢，暂时的隐士也罢，他们隐逸山林的生活形式都是相近的。陶渊明说"归去来兮，田园将芜胡不归"，说明精神寄托与物质依恃，都在于田地园林。他们的生活实际上是一种精神方面更为扩展、更为自由的自给自足的小农生活。

他们的谋生方式大都取以下几种：

> 春耕种，形足以劳动；秋收敛，身足以休食。（《庄子·让王》）
>
> 躬耕以为食。（《高士传·接舆传》）
>
> 惟以园蔬为业。（《南史·范元琰传》）
>
> 采药自业。（《后汉书·逸民列传·台佟》）
>
> 以畜蜂豕为事。（《高士传·姜岐传》）
>
> 代樵采若为业。（《南史·朱百年传》）

当然，也有"家居教授""开馆聚徒"的，但绝大多数都是过着一种较为高级的农人的生活。他们往往"结草为庐，仅庇风雨"①，"衣必粗弊"②，"正冠而绝缨，捉衿而肘见，纳履而踵决"③，"常食粗饮水"④，这当然有时是虚伪的矫饰，为了表现心理的特殊而忍痛牺牲生理的幸福，但实际上他们的物质生活水准确实不可能高出真正的山民很多。

在交往关系的隔绝与封闭方面，隐士的生活甚至会比一

---

① 《宋史·种放传》。
② 《晋书·石垣传》。
③ 《高士传·曾参传》。
④ 《晋书·杨轲传》。

般"老死不相往来"的农人更为极端。他们往往"啸咏林薮"，彻底"杜绝人事"，对于交通行为，当然更明确地鄙视弃绝。

《晋书·隐逸列传·陶淡》说，陶淡，字处静，太尉陶侃之孙，曾于长江临湘山中结庐居之，养一白鹿以自偶，"亲故有候之者，辄移渡涧水，莫得近之"。贾岛《题隐者居》诗中也写道：

> 虽有柴门长不关，片云孤木伴身闲。
> 犹嫌住久人知处，见拟移家更上山。

被称为"元末四大家"之一的山水画家倪瓒，所居"幽迥绝尘"，"高木修篁，蔚然深秀"，自号云林居士。据说，"俗客造庐，比去，必洗涤其处"，一般的客人来他的草庐拜访，待其离去后，所接触的物件和停坐之处都要加以洗涤。[1]史书中关于隐士遇来客造访，"称疾不见""入林自匿""逾垣遁去"的故事，比比皆是。《国朝先正事略·余若水先生事略》说，来客破帷而入，"先生拥衾不起曰：'不幸有狗马疾，不得与故人为礼'"。来客只得执手相慰后辞行，然而出门不过数步，就看到他"已与一婢子担粪灌园矣"。

明代文士归子慕屏居江村，终生讲学乡里，曾有《对客》一诗，静寂之中，颇具深趣：

---

① 参见《明史·隐逸列传·倪瓒》。

> 默然对客坐，竟坐无一语。
>
> 亦欲通殷勤，寻思了无取。
>
> 好言不关情，谅非君所与。
>
> 坦怀两相忘，何害我与汝？

默然无语，就是隐士们对来客，也是对外界社会环境和文化氛围的态度。

避居山林这种闭塞的生活方式，必然使隐士的见闻和文化创造机能受到限制。恩格斯在《路德维希·费尔巴哈和德国古典哲学的终结》中谈到费尔巴哈思想的局限时说，"虽然三个决定性的发现——细胞、能量转化和以达尔文命名的进化论的发现，费尔巴哈在世时全看到了，但是，这位在乡间过着孤寂生活的哲学家怎么能够对科学充分关注，给这些发现以足够的评价呢？"由于他"不得不在穷乡僻壤中过着农民式的孤陋寡闻的生活"，"因而，现在已经成为可能的、排除了法国唯物主义的一切片面性的、历史的自然观，始终没有为费尔巴哈所了解"。[①]《徐霞客游记》中，曾说到在云南永平大和尚一苇和了凡参禅的情形：

[①] 参见〔德〕恩格斯：《路德维希·费尔巴哈和德国古典哲学的终结》，人民出版社2018年版，第24页。

> 一苇与了凡以同乡故，欲住静山中，了凡与之为禅语，
> 余旁参之，觉凡公禅学宏贯而心境未融，苇公参悟精勤而
> 宗旨未彻，然山穷水尽中亦不易得也。

认为"山穷水尽中"，"禅学""参悟"能否"融""彻"，也受
到影响。

中国古代的隐士们在山水画和山水诗的创作方面达到了
世代仰慕的高峰，即形成了清新淡恬的所谓水边林下气象，
然而从总体上说，他们所发挥的推动文化发展的作用可以说
极其有限。一大部分"文化精英"跻身官场，另外一部分则
潜隐山林，不问世事，心同死灰。于是一定程度上形成了中
国古代不利于文化繁荣的人才条件。

隐逸山林之间，生活内容简单，交往关系疏落，以致有
"松下问童子，言师采药去，只在此山中，云深不知处"，"群
峭碧摩天，逍遥不记年，拨云寻古道，倚树听流泉，花暖青
牛卧，松高白鹤眠，语来江色暮，独自下寒烟"的境界。人
们注意到，隐士常常与僧人道士相交。《旧唐书·王龟传》：
"于中条山中起草堂，与山人道士游。"《司空图传》："日与名
僧高士游咏其中。"《国朝先正事略·周德林先生事略》："呼
山僧，不问其能饮与否，强酌之。"我们看到，佛教、道教的
主要基地也大都不在名都要衢，而偏处高山、深林、名湖、
海岛之中，这一现象的背景，也是与文人学士隐逸山林的现
象有共通之处的。

隐士是历代受到尊崇的人格的典范。他们以清名同神圣而强暴的君权抗衡，因而更多地受到中下层社会的肯定。他们具有较高的文化素养，不与俗流合污，因而其情趣又为上流社会所欣赏。而且隐居生活是以中国古代自给自足的农业生产方式为基点的，因而人人皆可仿效。所谓"举逸民，天下之民归心焉"①，何晏说："逸民，节行超逸也。"颜师古说："逸民，有德而隐居者也。"历代帝王都争相谦恭有礼地请他们出山参政，这是中国古代专制君主用心取悦于民间的绝少例证之一。隐士洁身自好，与颓败的世风绝不合流的所谓"节行"无疑是值得赞许的。可是另一方面，中国国民性中孤僻、冷漠、懒散、傲慢、知足、保守等品性的形成与传衍，却也恰恰是与山林隐逸现象共生的。

陶渊明在《归田园居五首·其二》中写到隐居生活的感受：

> 野外罕人事，穷巷寡轮鞅。
>
> 白日掩荆扉，对酒绝尘想。
>
> 时复墟曲中，披草共来往。
>
> 相见无杂言，但道桑麻长。
>
> ……

这种对于自给自足的自然经济中农人淡于交往的性格特征再

---

① 《论语·尧曰》。

加以人为放大，以致近于偏执的隐逸追求，对于文化发展曾经产生的消极影响是显而易见的。在文化水准较高的社会层次中，传统民族心理某些消极的特点，例如孤傲、多疑、嫉妒等，反而更甚于文化水准较低的社会层次，或许也与表现出闭塞心理的隐士风范历来受到尊崇和仰慕这种社会文化现象有一定的关系。

Ⅲ　"淡交"心态的形成与影响

日本近代著名的启蒙思想家福泽谕吉在所著《文明论概略》一书中，曾经这样说：

> 交际活动本来是人类的天性。如果与世隔绝，就不能产生才智。只是家族相聚，还不能算是人与人之间的交际，所以只有社会上互相往来，人与人互相接触，才能扩大这种交往。交际越广，法律就越完备……文明一词英语叫作"civilization"，来自拉丁语"civilidas"，即国家的意思。所以"文明"一词是表示人类交际活动逐渐改进的意思。它和野蛮无法的孤立完全相反，是形成一个国家体制的意思。

交往的幅面和频率，是决定文明发展水平的最重要的因素之一。交往有利于综合和总结原有文明的成果，并创造出新的文明。正像费尔巴哈在《未来哲学原理》一书中所说的："个别人所不知所不能的事，人们集合起来就会知道，就会做到的。"交往活动绝不仅仅只是完成单纯的信息传递，而且能够促成信息的补充扩展及合理分析，从而有益于新观念的形成。

交往意识的薄弱，交往关系的疏阔，是中国传统文化的特点之一。按照福泽谕吉的说法，交往促成了国家的形成和法律的完备。分析中国的情形，是不是可以说，高度集中的专制主义制度，又反过来对民间交往活动产生了抑制作用呢？回答应当是肯定的。就是说，自上而下的纵向关系的强化，影响了横向关系的发展。

中国人交往意识的薄弱，很久以前就为其他民族所注意。在公元77年成书的《博物志》一书中，普林尼写道：

> （赛里斯人）不与别人交往，坐等贸易找上门来成交。……（他们）不轻易与外来人交谈。（交易时）商品只堆放在赛里斯人一侧的江岸上，如果商人们感到价格物品合适的话，就携走货物而留下货款。

成书于公元3世纪的索林的《多国史》也说到这种原始的交易方式：

> 赛里斯人高度文明开化，互相之间非常亲睦和气，但却躲避与其他人相接触，甚至拒绝同其他民族保持贸易关系。然而，这一国家中的商人渡过他们那条大江，双方在

> 某江岸上进行没有任何语言交流，而仅根据简单的目测估价的方法进行贸易，他们出售自己的商品，但从不采购我们的商品。

欧斯塔蒂奥斯写于12世纪的《对百科书典编纂者德尼斯著作的诠释》一书中，也有相近的记述：

> 从以下事实便可以看出，赛里斯人不喜欢社交，又很难接近。他们把自己所希望出售商品的价格写在小口袋上，然后就退避而去；商人们于是便赶来，把售价款放于原地就自动离去了；赛里斯人接着就立即返了回来，如果他们满足于所提议之价款，就将它取走，否则就再拿走自己的商品。

中国人拙于交往的传统意识，不仅表现在商业活动中，在其他各种人际关系中也常常有所体现。这就是所谓讲究"淡交"的心态。

《礼记·中庸》说："君子之道，淡而不厌。"《庄子·山木》中，又有"君子之交淡若水，小人之交甘若醴"的说法。"淡交"的初义，可能是指不因物质利益而交结，后来转而又有交往不必过于深昵的含义。唐代诗人骆宾王《咏水》诗中，有"终当挹上善，属意淡交人"的诗句。杜甫在《秋日夔州咏怀寄郑监李宾客一百韵》一诗中写道："淡交随聚散，泽国绕回旋。"白居易在《张十八员外以新诗二十五首见寄》诗中也写道："《阳春》曲调高难和，淡水交情老始知。"又如宋人晏几道《临江仙》词："淡水三年欢意，危弦几夜离情。"陆游《闲中书适》诗："客来时淡话，酒后亦高歌。"又《出游》诗："逢山自有闲游侣，入寺宁无淡话僧。"都反映了这种"淡交"的原则在社会生活中的实际影响。

"淡交"关系，容易导致冷漠、狭隘、多疑，以及对周围人常怀戒备的心态。鲁迅先生曾经说："别人我不得而知，在我自己，总仿佛我们之间备有一道高墙，将各个分离，使大家的心无从相印，这就是我们古代的聪明人，即所谓的圣贤，将人们分为十等，说是高下各不相同，其名目现虽然不用，但那鬼魂却依然存在。"①高下不同的等级观念，会明显影响权力至上的纵向人际关系。而横向关系的发展，需要人人相互尊重、相互信任，人的自主自立精神得到确立，而这在传统中国社会通常是难以实现的。于是，人和人之间的关系显得拘谨而紧张。民间俗语中"人心隔肚皮"②，"逢人只说三分话，未可全抛一片心"③等，都体现了这一情形。

明代有一部题为洪自诚著的《菜根谭》，收录当时流行的人生格言。其中有"毋偏信而为奸所欺"，"害人之心不可有，

---

① 《鲁迅全集》第1卷，人民文学出版社2005年版，第71页。
② 《说岳全传》第四回："方丈深潭终有底，只有人心不可量。虎豹不堪骑，人心隔肚皮。"
③ 《醒世恒言》卷九："夫妻只说三分话，未可全抛一片心。"《缀白裘》："逢人且说三分话，未可全抛一片心。"《儿女英雄传》第三回："逢人只说三分话，未可全抛一片心。"

防人之心不可无"，等等。此外，还有这样一些关于交往关系的格言：

> 遇沉沉不语之士，且莫输心；见悻悻自好之人，尤须防口。

又如：

> 觉人之诈，不形于言；受人之侮，不动于色。此中有无穷意味，亦有无穷受用。

古人的智慧和涵养就这样多用在人际关系方面。体察至此，对于认识和理解中国古代历史文化，可以得到诸多启示。

最能够体现中国传统文化中关于交通交往关系的内容的，莫过于"礼"了。礼，是中国古代所规定的社会行为的法则、规范和仪式的总称。《论语·为政》说，"齐之以礼"。《荀子·礼论》说，人生有欲，导致有争有乱，"先王恶其乱也，故制礼义以分之"。礼，成为维护现行社会秩序的准则。在维护政治秩序的另一方面具体地说，"礼"又指人际交往时具体的礼节仪式。《荀子·非十二子》有言："遇友则修礼节辞让之义。"是否有礼，对关系可否维系有决定性的意义。《孟子·告子下》中也可以看到这样的说法：

> 虽未行其言也，迎之致敬以有礼，则就之。礼貌衰，
> 则去之。

中国历来自诩为"礼义之邦"。历代作为治世法典和教育大纲的儒学经典的内容，许多都是关于"礼"的规定。"礼"作为行为规范，对于安定秩序或许曾经有过积极的意义，然而过于烦琐严谨的礼，对于社会交往活动，却表现出明显的消极作用。

古礼常说的"五礼"，指吉礼、凶礼、宾礼、军礼、嘉礼。祭祀是吉礼，丧葬是凶礼，致贡朝会是宾礼，兵车征伐是军礼，执贽纳女是嘉礼。近世以属于嘉礼、宾礼、凶礼方面的礼仪遗存较多，这些都是除政治军事制度之外而专门规定的关于处理社会关系的内容。例如，"士婚礼"的程序是这样的：纳采（用雁，因雌雄鸿雁一方死去另一方就哀鸣不食）；问名；醴使者（请媒人喝酒）；纳吉，如纳采礼（即定婚前的小定）；纳征，如纳吉礼（即正式订婚，又称大定）；请期（约定婚期）；将亲迎；豫陈馔；亲迎；妇至成礼；妇见舅姑；赞者醴妇；妇馈舅姑；舅姑飨妇；飨送者。礼节如此烦琐，正是因为这是两个家族间庄重的交往规程。唐人王建《新嫁娘》诗："三日入厨下，洗手作羹汤，未谙姑食性，先遣小姑尝。"则是民间平俗生活中妇馈舅姑礼制的体现。

中国人多礼，相互间恭敬谦让，其实这些礼仪的深层含义可能还是出自对对方的戒心。

著名人类学家弗雷泽的专著《金枝》中说到某些地区流行"禁忌同陌生人交往"的风习。"在南太平洋的纳努米亚岛上，凡外来船舶登岸或外岛来的生人，每人（或推出代表）都必须先朝拜岛上的四座神庙，祷告神祇驱除他们可能带来的疾病和邪恶，然后才能和本地人交往。"落后民族恐惧来自异国他乡邪恶鬼灵的心理，显然是文化封闭的特征。弗雷泽指出：很可能那些接待外来陌生人的礼仪的动机，并不在于要表示对来客的尊崇，而是由于对他们的害怕，不过没直接说明罢了。

在阿富汗和波斯的某些地方，凡旅客进入任何村庄之前，村人必先举行祭祀活动。甚至一个人外乡旅行归来，也被怀疑可能从陌生人那里沾染上某些邪魔，因此回到故乡，在与亲友重聚之前，需要履行一定的被禊仪式。中世纪时，凡朝见鞑靼可汗的外国使节，一定要先从两堆火中间走过，所携带的礼物也要如此。规定这种礼仪的理由，据说是因为火能够驱除外来人可能谋害可汗的任何魔法。

中国传统礼节的繁密，正是和历来交通交往活动障碍重重的情形相一致的。《礼记·仲尼燕居》说："礼之所兴，众之所治也；礼之所废，众之所乱也。"一方面是说礼在确定等级尊卑方面的意义；另一方面也可以理解为由于礼的作用，"众"成为相互间相对隔绝的分散体，正便于引导进入"治"的境界。而"乱"，确实又有横错混杂的含义。纠结错杂的，政府无法控制的交通交往状态，显然是被看作"乱"的。

第七章

交通效率与
文化节奏

争先非吾事，静照在忘求。

〔晋〕王羲之：《答许询诗·其二》

Ⅰ 从驰逐到乘轿

文化节奏是考察整个社会文化面貌的基本尺度之一。文化节奏与民族心理素质紧密相关。司马迁在史学名著《史记》中，已经提出了当时各个文化区的社会生活节奏，也就是文化节奏的差异。例如，中山"民俗懁急"，郑卫则"微重而矜节"，上谷至辽东"民雕捍少虑"，而齐地"其俗宽缓阔达"，西楚则"其俗剽轻"。①

交通效率是文化节奏形成的重要条件之一。从司马迁分析的情况看，与北方骑马民族文化类型接近的地区和南方以舟船为主要交通工具的地区所具有的交通条件方面的一定的优势，很可能与当地社会生活节奏比较快的特点有关。

---

① 参见《史记·货殖列传》。

从我们民族文化的整体来看，交通相对不发达的状况确实又与文化节奏和历史节奏的缓滞有一定的关系。

在对中国古代交通文化进行研究时，人们发现，与追求较高交通效率有关的某些民俗，由于农业对于社会文化的决定性的作用而逐渐消亡了。

例如"驰逐"就是如此。

"驰逐"，是参加各方各驭乘车，以高速者为优胜的竞技运动。《韩非子·喻老》说：

> 赵襄主学御于王子期，俄而与於期逐，三易马而三后。襄主曰："子之教我御，术未尽也。"对曰："术已尽，用之则过也。凡御之所贵，马体安于车，人心调于马，而后可以进速致远。今君后则欲逮臣，先则恐逮于臣。夫诱道争远，非先则后也。而先后心皆在于臣，上何以调于马，此君之所以后也。"

赵襄主向王於期学习驾车，然后与他驱车竞赛，三次换马都不能取胜。襄主说："您并没有把您的御术全都教给我。"王於期说："御术确实已经教授完了，问题在于应用。"又告诉他，只有全心用以驱策马，才"可以进速致远"。"进速致远"，《韩非子·难势》称作"追速致远"，《淮南子·说林》《淮南子·主术》也都说"追速致远"，《荀子·王霸》则说"及速致远"，均言及对速度的追求。司马迁在《史记·货殖列传》中说到齐地民俗"宽缓"。班固在《汉书·地理志》和《汉书·朱博传》中也两次说到齐地"舒缓"的民风。颜师古说："言齐人之俗，其性迟缓。"然而齐地也曾盛行"驰逐"这种运动。《史记·孙子吴起列传》中就记述了田忌"数与齐诸公子驰逐重射"，久不能胜，后来用孙膑"今以君之下驷与彼上驷，取君上驷与彼中驷，取君中驷与彼下驷"之计，终于取胜的故事。

汉武帝时，"驰逐"之戏仍然普遍盛行。汉武帝特意在宫苑中建"五里驰逐走马之馆"①，并亲自"驰逐平乐"②，史籍中还可以看到大臣在上林苑举火走马"驰逐"的记载③。不过，"驰逐"这时已经遭到非议，东方朔就当面批评汉武帝"角狗马之足"，"设戏车，教驰逐"是"为淫侈"的行为，史臣甚至把"驰逐"与灾异联系起来。到了晋代，在葛洪的《抱朴子·审举》中可以看到，"驰逐之徒"已经成为与"逸伦之士"相对的贬义词了。

中国古代还曾流行赛马的风习。《乐府诗集》中收集的《梁鼓角横吹曲》中有这样的民歌：

健儿须快马，快马须健儿。

跧跋黄尘下，然后别雄雌。

① 《汉书·五行志》。
② 《汉书·东方朔传》。
③ 参见《汉书·五行志》。

这种体现竞技者勇健精神的以速度"别雄雌"的运动，后世在汉族地区也逐渐销声匿迹，只有某些少数民族地区得以保留。

流传到近世的中国民间庆典中的主要项目，已经绝少有以力取胜的竞赛，更少见古时以"追速"为竞技内容的比赛，而多见追求奇与巧的以技艺为主的表演了。中国传统民族心理中缺乏竞争意识的特点，由此可见一斑。

唯一的例外可以说是江南民间盛行的龙舟竞渡活动。

据说，龙舟竞渡风习最早起源于春秋时期甚至更早。从东汉铜鼓的纹饰图案中，已经可以看到表现龙舟的内容。魏晋时期，已经出现了关于龙舟竞渡的明确的文字记载。《初学记》卷四引周处《风土记》说"仲夏端午""竞渡"。《荆楚岁时记》也说"五月五日"，"是日竞渡"。正史中最早的记载见于《隋书·地理志》，其中写道：

> 屈原以五月望日赴汨罗，土人追至洞庭不见，湖大船小，莫得济者，乃歌曰："何由得渡湖！"因尔鼓棹争归，竞会亭上，习以相传，为竞渡之戏。其迅楫齐驰，棹歌乱响，喧振水陆，观者如云，诸郡率然，而南郡、襄阳尤甚。

关于竞渡起源的说法很多，还有人认为与纪念勾践、伍子胥、马援等人有关。苗族、傣族、白族等少数民族，又各自有关于竞渡起源的神话传说。关于竞渡时的场面，唐代诗人卢肇的《竞渡诗》中有这样的描写：

石溪久住思端午，馆驿楼前看发机。

鼙鼓动时雷隐隐，兽头凌处雪微微。

冲波突出人齐蹾，跃浪争先鸟退飞。

向道是龙刚不信，果然夺得锦标归。

曾经任徐泗濠节度使的张建封，也曾作《竞渡歌》，其中写道："五月五日天晴明，杨花绕江啼晓莺。使君未出郡斋外，江上早闻齐和声。"对于竞渡夺标的具体情形，描述更为生动：

鼓声三下红旗开，两龙跃出浮水来。

棹影斡波飞万剑，鼓声劈浪鸣千雷。

鼓声渐急标将近，两龙望标目如瞬。

坡上人呼霹雳惊，竿头彩挂虹霓晕。

前船抢水已得标，后船失势空挥桡。

疮眉血首争不定，输岸一朋心似烧。

龙舟竞渡，可以说是水乡地区"追速致远"运动的古风遗存。然而在毕力追求平和安静、竞争意识薄弱的文化氛围中，这种民间竞技运动却长期受到正统文化的鄙视。

唐代诗人元稹在《竞舟》一诗中以讥讽的笔调写到这种竞技形式："楚俗不爱力，费力为竞舟。买舟俟一竞，竞敛贫者赇。"以为"祭船如祭祖，习竞如习仇""年年四五月""大竞长江流""建标明取舍，胜负死生求"的竞舟活动，是一种社会弊病。他赞扬地方官员抑制这种"习俗"的努力："岳阳贤刺史，念此为俗疣。习俗难尽去，聊用去其尤。百船不留一，一竞不滞留。"以为"节此淫竞俗，得为良政不"，他写道："我来歌此事"，"亦欲闻数州"，希望这种限制龙舟竞渡的规定也推广到其他地区。《武陵竞渡略》还说到另一种限制龙舟竞渡的方法："限为小船，长不满五丈，桡不过三十人，宁以一船之费为两三船，存其戏而杀其力势。"

更为有趣的是，《会稽志·节序》中有这样的记载：

> 异时竞渡有争进攘夺之患，自史魏公为帅，堆设银杯彩帛，不问胜负，均予之，自是为例。

不分胜负，一律同等对待，以此来削减竞渡时"争进"的竞争意识，这一情形看来虽然十分可笑，防备争进攘夺之患，却也可以说是中国历代统治者的习惯性政策追求。

考察交通效率与文化节奏的关系，最突出的例证，莫过于轿子这一中国独有的交通工具和乘轿这一中国独有的交通方式了。

《史记·夏本纪》说到禹四方奔波以治洪水时，"陆行乘车，水行乘船，泥行乘橇，山行乘檋"。《史记·河渠书》说："陆行载车，水行载舟，泥行蹈毳，山行即桥。"有人解释说，这种山地的交通工具"檋"或"桥"，就是轿。不过，轿虽然出现很早，然而却并没有成为社会通用的交通工具。河南固始侯古堆一号墓出土的年代为春秋末期至战国初年的三乘肩舆，是考古史上首次发现的最早的轿的实物资料。据推断墓主可能是宋景公的妹妹勾敔夫人。轿，在当时是具有特殊身份的显贵在短途交通活动中使用的代步工具。

两汉之际，社会生活节奏发生了明确的转变。从交通工具来说，便于驰骋的轻车快马不再时兴，贵族官僚中开始风行平稳然而行进速度极慢的牛车。晋人王羲之在《答许询诗》中写道："争先非吾事，静照在忘求。"在这种消极的人生态度的作用下，轿也逐渐得到普及。

《宋书·隐逸列传·陶潜》说：陶渊明辞归乡里后，江州刺史王弘约见，因为陶渊明"有脚疾"，于是"使一门生二儿举篮舆"。所谓"篮舆"，应当与《尸子》所谓禹"山行乘樏"的"樏"相近，乘者的座位可能是编织而成。《陈留耆旧传》说：洛阳令董宣也有"篮舆一乘"。《晋诸公赞》和潘岳《闲居赋》中说到的"板舆"，以及《东宫旧事》中所谓"步舆"，应当也是指轿。《晋书·王献之传》说：王献之"尝经吴郡，闻顾辟疆有名园，先不相识，乘平肩舆径入"。据《晋书·谢万传》，谢万也"尝衣白纶衣，乘平肩舆，径至听事前"。《晋书·王导传》记载，晋元帝也曾经"亲观禊，乘肩舆，具威仪"。肩舆这种用人力扛抬的代步工具，就是上无覆盖结构的早期的轿。唐代诗人李绅《入扬州郭》中"自缘多病喜肩舆"的诗句，说明在唐代，这种平稳安全的交通工具受到广泛的欢迎。唐高宗曾经因宫女坐轿"全无障蔽"，"过于轻率，深失礼容"而严加申斥，并且下令禁止宫女乘轿，可见当时曾一度盛行妇女乘轿之风。

五代时已经有"轿子"之称。宋人王铚的《默记》卷上记录了赵匡胤陈桥兵变，黄袍加身后，周恭帝被迫退位时这样的历史情节："艺祖初自陈桥推戴入城，周恭帝即衣白襕，乘轿子出居天清寺。"

《宋史·舆服志二》说到当时上层社会中乘坐所谓"肩舆""檐子"，以及"舆檐"的制度，说的其实都是轿子。又专有"肩舆"条，其中写道："肩舆。神宗优待宗室老疾不能骑者，出入听肩舆。"还写道：

> 中兴后，人臣无乘车之制，从祀则以马，常朝则以轿。旧制，舆檐有禁。中兴东征西伐，以道路阻险，诏许百官乘轿，王公以下通乘之。其制：正方，饰有黄、黑二等，凸盖无梁，以篾席为障，左右设牖，前施帘，异以长竿二，名曰"竹轿子"，亦曰"竹舆"。

贵族妇女和官僚家眷，则乘坐所谓"银装白藤舆檐"。

可以说，轿子在上层社会的真正普及，是在南宋时期。

在《朱子语类》中，我们看到朱熹这样的说法：宋高宗南渡、宋王朝的统治中心转移到江南以前，"士大夫皆不甚用轿"，例如王安石、程颐等人皆云不以人代畜，朝士皆乘马。

或有老病，朝廷赐令乘轿，犹力辞后受。"自南渡后至今，则无人不乘轿矣。"轿这种只求舒适安全、不讲究行进速度的交通工具的风行，正是与整个社会文化倾向进一步转为衰惫纤弱，即所谓世风衰颓相一致的。当时，轿子还逐渐普及民家。宋人孟元老《东京梦华录》卷四说："士庶家与贵家婚嫁，亦乘檐子。""公主出降"时，乘坐的轿子十分华丽，"檐子约高五尺许，深八尺，阔四尺许，内容六人。四维垂绣额珠帘，白藤间花。匡箱之外，两壁出栏槛皆缕金花，装雕木人物神仙。出队两竿十二人。竿前后皆设绿丝绦，金鱼勾子勾定"。平民的轿子则当然形制比较简单。但是婚娶中新娘乘用轿子，即所谓"花轿""喜轿"的风习，此后长期以来成为确定不易的礼仪。1949年时，北京城区的"喜轿铺"多达数十家，有数千人以此为业。

因为官轿与乘车同样，都是权力与地位的象征，于是也形成了严格的等级制度。对于乘轿本身的形制，包括式样、规格、质料、装饰等，以及轿夫的人数、使用的场所，都有明确的规定。在《清史稿·舆服志一》记录的贵族官僚乘轿的制度中，有这样的内容：

> 汉官三品以上、京堂，舆顶用银，盖帏用皂。在京舆夫四人，出京八人。四品以下文职，舆夫二人，舆顶用锡。直省督、抚，舆夫八人。司、道以下，教职以上，舆夫四人。
>
> 钦差官三品以上，舆夫八人。

于是可以通过轿的样式与轿夫的人数，判断乘行者的身份地位。皇族王公乘轿，有更高的规格。亲王、亲王世子、郡王、郡王长子、贝勒、贝子、镇国公、辅国公，各有"明轿一、暖轿一"，规格及盖帏彩饰各不相同。固伦公主、和硕公主、郡主各有"暖轿"，规格及盖帏彩饰也各不相同。皇妃的"仪舆"，舁以四人；"翟舆"，舁以八人。皇后的"仪舆"，舁以八人；"凤舆"，舁以十六人。与专制主义政体下早期乘舆制度不同，当时帝王乘车，还讲究行驶速度方面的优先权，而晚期有关乘轿的等级规定，却是地位越高，越笨拙沉重，越不讲求速度。皇帝本人的所乘轿，又有多种：

　　"步舆"，舁以十六人。

　　"轻步舆"，舁以十六人。

　　"礼舆"，舁以十六人。

　　"金舆"，舁以二十八人。

　　"玉舆"，舁以三十六人。

这种"玉舆"实为木质，髹以朱漆，高一丈一尺一寸。盖高二尺，冠金圆顶，承以镂金垂云。四柱高五尺三寸，相距各五尺，绘以云龙。底座上绘彩云，下绘金云，环以朱阑，饰间金彩。阑内周布花毯，中有云龙宝座。左列铜鼎，右植服剑。登轿有五级台阶，左右阑都髹以朱漆，同时饰有金彩，华丽非常。

轿，于是成为专制社会中政治舞台上标志身份地位的重要道具。

鲁迅小说《故乡》中的"豆腐西施"杨二嫂说："哎呀呀，你放了道台了，还说不阔？你现在有三房姨太太，出门便是八抬的大轿，还说不阔？"可见轿与"阔"的联系。缓缓经过的富丽然而笨重的官轿，在大路两侧"肃静""回避"的平民们面前的威仪，确实集中体现出落后的交通方式与慵懒的文化风尚的关系。

Ⅱ 山峙渊渟："定"与"静"的人生原则与文化规范

东汉至于魏晋，越来越多的士人追求"幽居恬泊，乐以忘忧"[①]的避世独居的生活。

陶渊明"不能为五斗米折腰，拳拳事乡里小人"，解印去县，赋《归去来兮辞》，抒发了"请息交以绝游"，"门虽设而常关"的心愿。他的诗作中，《饮酒》诗所谓"杜门不复出，终身与世辞"，《和刘柴桑》诗所谓"栖栖世中事，岁月共相疏"，《癸卯岁十二月中作与从弟敬远》诗所谓"寝迹衡门下，邈与世相绝"等，都体现了其归隐山林的志向。这些诗句与其《拟古》诗中"少时壮且厉，抚剑独行游。谁言行游近，张掖至幽州"的激越文辞相比较，形成了何等鲜明的对照！

---

① 《后汉书·逸民传》。

在《饮酒》诗中，他还写道：

> 结庐在人境，而无车马喧。
>
> 问君何能尔，心远地自偏。
>
> 采菊东篱下，悠然见南山。

王安石曾经赞美说，"结庐在人境"至"心远地自偏"，是"奇绝不可及"之语。苏东坡也说，"采菊东篱下，悠然见南山"是谈理之诗、知道之言，寄托了诗人"悠然忘情，趣闲而累远"之意。

当时，远避"车马喧"的对静态清趣的喜好，开创了一代玄淡诗风。

文人们养素丘园，寄畅山水，所居"庭无乱辙，室有清弦"，平时"足不越疆，谈不离玄"，以"藏器掩曜"的"暖暖幽人"①自居。所谓"凡我仰希，期山期水"②，忘情山水的心境中，透露出对"定"与"静"的欣赏与追求。

与这种心态相关，中国古代知识分子逐渐形成了倾向于深沉、稳重、矜持的性格，形成了所谓"山峙渊渟"的人生原则。《抱朴子·审举》说：

---

① 〔晋〕孙绰：《赠谢安》。
② 〔晋〕孙统：《兰亭》。

> 逸伦之士，非礼不动，山峙渊渟，知之者希，驰逐之
> 徒，蔽而毁之。

像高高的山岭一般稳正，像静静的潭水一样深郁，这种"山峙渊渟"的"逸伦之士"，形成与所谓"驰逐之徒"截然相反的对立人格。

"山峙渊渟"，《抱朴子·名实》又称为"渊渟岳立"。《世说新语·赏誉》注引《海内先贤传》说，许劭"山峙渊渟，行应规表"。晋人石崇《楚妃叹》诗中也说道："矫矫楚王，渊渟岳峙"。《文选》李善注引《孙子》也说"其镇如岳，其渟如渊"。所谓"行应规表"，应当说原本出自《论语·颜渊》"非礼勿动"，《礼记·中庸》"非礼不动"这种儒学道德准则。对"山峙渊渟"这种持重端凝的品格的极度推崇，最终导致形成了抑制，以至窒息进取心与生命活力的僵冷的文化规范。

儒学的祖师孔子，为了实现自己的政治主张，曾经辗转奔走于各国。《淮南子·修务》说："孔子无黔突，墨子无暖席。"注者以为灶囱不至于黑，坐席不至于暖，"历行诸国，汲汲于行道也"。《汉书·叙传上》也说："是以圣喆之治，棲棲皇皇，孔席不暖，墨突不黔。"孔子确实是通过四方游历的实践，方才成为伟大的文化巨人的。他曾说"君子怀德，小人怀土"[1]，又

---

[1]《论语·里仁》。

说"士而怀居，不足以为士矣"①，认为有志向的人当不求安居。《礼记·射义》说："故男子生，桑弧蓬矢六，以射天地四方。天地四方者，男子之所有事也。"然而，后世却更注重阐扬孔子"父母在，不远游，游必有方"②一类言论。西汉时期，儒学经过可以"三年不窥园"的董仲舒所主持的改造工程，成为专制政治供奉的显学之后，其保守的一面得到发展性的继承，成为逐渐丧失生机与活力的死腐之学。于是，孔子千里驰车、交游四方的政治实践渐渐被淡忘。人们似乎只记得一尊正襟危坐、垂目静思的泥塑，而忘记了他其实原本是一位精力旺盛、勤苦无倦，长年"汲汲于行道"的奋勉的学者。③

当然，儒学本身最初也有表现出相当消极保守倾向的思想教条。例如，《礼记·曲礼上》中，就提出所谓"安安"的命题。《论语·述而》说："子之燕居，申申如也，夭夭如也。"说孔子安居时"和舒"之貌，后世于是把尊者闲居称作"燕申"。《尚书·皋陶谟》："无若丹朱傲，惟慢游是好。"谴责对"慢游"的专好。孔子也说"损者三乐"，其中之一就是"乐佚游"④。对于"定"与"静"的境界的追求，还见诸儒学经典中下列内容：

---

① 《论语·宪问》。
② 《论语·里仁》。
③ 参见王子今：《孔子的行旅生活与儒学的交往理念》，《国际儒学》2021年第2期。
④ 《论语·季氏》。

知者乐水，仁者乐山。知者动，仁者静。知者乐，仁者寿。(《论语·雍也》)

君子居易以俟命。小人行险以徼幸。(《礼记·中庸》)

好勇疾贫，乱也。(《论语·泰伯》)

危邦不入，乱邦不居。(《论语·泰伯》)

狂者进取。(《论语·子路》)

君子矜而不争。(《论语·卫灵公》)

君子力如牛，不与牛争力；走如马，不与马争走；知如士，不与士争知。(《荀子·尧问》)

(仁人)外无贪而内清净，心和平而不失中正。(《春秋繁露·循天之道》)

《论语·子路》说：子夏做莒父的地方官时，曾问政于孔子，孔子回答"无欲速"，"欲速则不达"，也明确体现了儒家力主稳重的历史节奏观。

尽管孔子一生都奔波在参政以抒展政治抱负的道路上，然而心灵深处对"定"与"静"的向往，使得他不时吐露出对与自己的政治实践大相径庭的隐居生活的欣赏与肯定。子贡问："伯夷、叔齐何人也？"孔子答道："古之贤人也。"又问："怨乎？"孔子又答："求仁而得仁，又何怨？"①在《论语·季氏》中，他又对"隐居以求其志"的伯夷、叔齐大加

---

① 《论语·述而》。

赞赏："伯夷叔齐饿于首阳山下，民到于今称之。"他主张
"天下有道则见，无道则隐"①，"邦有道则仕，邦无道，则可
卷而怀之"②。他甚至自己表示若"道不行"时，将"乘桴浮
于海"③。

中国古来就有"一寸光阴一寸金"这一比喻时间宝贵，
激励人们珍惜寸阴，加快生活节奏的名言。《淮南子·原道》
写道："故圣人不贵尺之璧，而重寸之阴，时难得而易失也。"
《吴越春秋·勾践入臣外传》说："夫君子争寸阴而弃珠玉。"
《晋书·陶侃传》："大禹圣者，乃惜寸阴，至于众人，当惜分
阴。"唐人王贞白《白鹿洞》诗中写道："读书不觉已春深，
一寸光阴一寸金。"此外，如郑谷《赠咸阳王主簿》诗所谓
"登科未足酬多学，执卷犹闻惜寸阴"，杜荀鹤《题弟侄书堂》
诗所谓"少年辛苦终身事，莫向光阴惰寸功"，等等，也都体
现出同样的积极的人生态度。

然而，在宋代诗人苏轼笔下，同样表述"一刻千金"的
主题，又有意境不同的诗句：

> 春宵一刻值千金，花有清香月有阴。
>
> 歌管楼台声细细，秋千院落夜沉沉。

---

① 《论语·泰伯》。
② 《论语·卫灵公》。
③ 《论语·公冶长》。

与元人同恕《送陈嘉会》诗所谓"尽欢菽水晨昏事，一寸光阴一寸金"相近，苏轼认为，珍惜寸阴不是为了功名事业，而是为了享乐尽欢。花有香，月有阴，声细细，夜沉沉。诗人所欣赏和留连的，也完全是一种幽雅和美的，"定"与"静"的境界。

"定"与"静"之所以成为历代中国人的心理桎梏，形成了一种难以冲越的文化规范，是由于多方面的因素。

以消极无为作为思想基线的《老子》，提倡"致虚极，守静笃"，认为"归根曰静，静曰复命，复命曰常，知常曰明"，而"不知常，妄作，凶"。《老子》还主张"见素抱朴，少私寡欲"，"夫惟不争，故天下莫能与之争"。此外，"恬淡为上"，"清静以为天下正"，"我好静，人自正"，以及"不敢为天下先，故能成器长"的思想，无疑也对崇尚"定"与"静"的民族心理有一定的影响。

道家典籍《阴符经》中，有这样的话：

　　　　自然之道静，故天地万物生。

《淮南子·原道》也曾经说，作为宇宙本原和万物基始的"道"，正是以"静"为最高境界，通过"定"来追求永恒的：

　　　　守清道而抱雌节，因循应变，常后而不先，柔弱以"静"，舒安以"定"。

所谓"柔弱以'静'，舒安以'定'"，大约可以看作道家系统理论的主构架。

"定"与"静"又成为道教信徒修炼的基本规则。要求达到"寂泊之至"的"静"的境界，并且归于"坐忘"，就是一种空廓虚无的"定"的状态。宋人王喆在《赠道友》诗中这样写道：

自然消息自然恬，不论金丹不论仙。

一气养成神愈静，万金难买日高眠。

"气"的修炼和保养，正在于"静"。

《定真玉箓经》说："治心之最，不忘须臾，心神乃定，定则入道。"南朝人所著《养性延命录》也说："若能游心虚静，息虑无为，候元气于子后，时导引于闲室，摄养无亏，兼饵良药，则百年耆耄是常分也。"所谓"千日长斋，不关人事"①，也是讲通过"定"与"静"的方式，从肉体到心灵，都小心翼翼地封闭起来，实现与自然和社会的完全隔绝。鲁迅先生曾经指出："中国根柢全在道教"，"以此读史，有多种问题可迎刃而解"。②道教文化中关于"定"与"静"的内容，显然对中国传统民族心理的某些特质产生过相当重要的影响。

—————————

① 《灵宝自然九天生神三宝大有金书》。
② 参见《致许寿裳》,《鲁迅全集》第9卷,人民文学出版社2005年版,第285页。

"定"与"静"同样也是佛教徒所追求的理想境界。

《翠岩可真禅师语录》中记载了慈明和尚与可真的一段对话。慈明问可真："如何是佛法大意？"可真答道："无云生岭上，有月落波心。"可以说对"定"与"静"的体味达到极致。慈明却怒道，你老得牙都掉了，头发也白了，还这样回答，怎么脱离生死？可真慌忙求教。慈明于是让可真问自己。可真仍然问方才的问题，只听慈明大喝一声道，还是"无云生岭上，有月落波心"。佛教的所谓"定境"，也就是心定止于一境。唐代诗人王勃在《梓州通泉县惠晋寺碑》中，说到"长驱定境，振旅魔营"。《玄门大论三一诀》也说："昔小乘以三一为定境，义极于有。"

与道家"入静"相近，佛家僧人静坐敛心，不起杂念，使心定于一处，叫"入定"。白居易《在家出家》诗写道："中宵入定跏趺坐，女唤妻呼多不应。""入定"，又省称"定"。唐代诗人李中《宿钟山知觉院》诗也写道："磬罢僧初定，山空月又生。"

《瑜伽论》是这样说到"定"与"静"的："在整个有体中所建立的安静，应该长是不变，无论什么事发生。"公认的印度早期佛教的最早的资料《经集》，是佛祖言说专集，其中心含义就是坐禅和冥想，它要求修行的人要能够"抑制自己的意志，向内反省思维，守住内心，不让它外骛"。其中还说"要学会独自静坐"，"圣者的道路，是孤独的起居生活，只有孤独，才能贪图生活的乐趣"。

　　"定"与"静"的精神追求与"孤独的起居生活"之间的联系是发人深省的。这使我们注意到，"定"与"静"这种人生原则和文化规范之所以能够出现并长期发生作用，正是和交往甚少、各各"孤独"的隔绝封闭的文化条件密切相关的。反过来，在这种人生原则和文化规范的作用下，交通和交往的发展受到阻碍。同时，生活在这种文化环境中的个人，往往心理越来越封闭、性格越来越内向，思维方式也越来越侧重于"内省""自悟"式的消极体验。

　　这种"道非身外更何求"①的求知觅道的传统方式，认为不必远觅苦索，只在"定"与"静"的情态下，由内心就可以自然而然地"见天道"。

　　《老子》说："其出弥远，其知弥少。"《文子·道原》也说："大道坦坦，去身不远，求之远者，往而复返。"《论语·述而》："子曰：'仁远乎哉？我欲仁，斯仁至矣'。"《孟子》反复申发这一原则，《孟子·离娄上》说："自得之，取之左右逢其源"，批评那种"道在迩而求诸远"的人；《孟子·尽心上》也说："万物皆备于我矣"，"求仁莫近焉"。《吕氏春秋·论人》也主张："太上反诸己，其次求诸人；其索之弥远者，推之弥疏，其求之弥强者，失之弥远。"《文心雕龙·神思》也曾经对那种"或理在方寸，而求之域表；或义在咫尺，而思隔江河"的情形提出非议。于是，通过交通

———————

① 〔唐〕杜牧：《登池州九峰楼寄张祜》。

214

经历而追求"知",追求"道",追求"真理"的努力,几乎完全被否定。

《五灯会元》卷六载有僧本如的偈语:

> 处处逢归路,头头达故乡,本来成现事,何必待思量。

卷十三良价本悟偈也说:

> 切忌从他觅,迢迢与我疏。

都以为所追求的一切原本在自我心中。《宋诗纪事》卷九〇有夏元鼎诗:

> 崆峒访道至湘湖,万卷诗书看转愚。
> 踏破铁鞋无觅处,得来全不费功夫。

宋人罗大经《鹤林玉露》卷六有"道不远人"条,录有一位尼姑的《悟道诗》:

> 尽日寻春不见春,芒鞋踏遍陇头云。
> 归来笑捻梅花嗅,春在枝头已十分。

都说寻道不必远行,全在"定"与"静"中的自悟的功夫。

王守仁《王文成全书》卷十五有《咏良知四首示诸生·其四》诗，是这样训示学生的：

> 无声无臭独知时，此是乾坤万有基。
> 抛却自家无尽藏，沿门持钵效贫儿。

知悟全凭"自家"，而"无声无臭"所谓"独知"之时，恰是"定"与"静"的境界。

古代思想家出自自身体验的这些主张，从某些方面来说固然有一定的哲学意义，然而如果把这种以封闭隔绝的文化条件为背景的认识过程，作为固死不变的定式或者所谓"乾坤万有"之基，进而反对利用交通交往手段和丰富的信息资料对真理进行探求，那么，就显然是反文化的谬妄之见了。

五四前后，在对中国传统文化的本质和价值进行再认识的过程中，许多研究者注重将中国文化与西方文化进行比较，从而得出了许多透见中国民族性与民族精神特质的深刻见解。

李大钊曾经指出："东人之日常生活，以静为本位，以动为例外；西人之日常生活，以动为本位，以静为例外。"涉及政治文化，他还说道："东人求治，在使政象静止，维持现状，形成一种死秩序，稍呈活动之观，则诋之以捣乱；西人求治，在使政象活泼，打破现状，演成一种活秩序，稍有沉滞之机，则摧之以革命。"①勒让德（A. F. Legendre）在讨论中国民族性时也说到倾向"定"与"静"的风格，他认为"中国人是一个老人国民"，"中国人使自己木乃伊化"，"感觉迟钝麻木"，"总是慢慢悠悠"。②

潘光旦论述我们的民族性格，也曾经说，中国人"移徙的冲动和能力一天比一天的减少，也就等于安土厌迁的性格一天比一天的发展，也就等于消极的抵抗环境的能力一天比一天地增加"③。这种与交通行为有关的文化特质，也受到其他一些学者的注意。有的研究者指出，"农民习惯于住在固定的地方以后，对乡土产生一种密接力，不管喜欢不喜欢，总是不肯轻易背井离乡"，他以为，这种"深厚的乡土观念"，也表明中国传统社会是典型的"乡民社会"，中国人具有典型的"乡民性格"，中国文化也表现出典型的"乡民特征"。④

这些认识有助于我们了解中国人追求"定"与"静"的传统性格，并分析这种性格特征对中国交通文化的影响。

---

① 李大钊：《东西文明根本之异点》，《李大钊文集》，人民出版社1984年版。
② 〔法〕勒让德：《现代中国文明》，〔日〕大谷孝太郎编：《中国人的精神结构研究》，东亚同文书院1935年版。
③ 潘光旦：《民族转性与民族卫生》，商务印书馆1937年版，第297页。
④ 参见吴聪贤：《现代化过程中农民性格之蜕变》，《中国人的性格》，台湾全国出版社1981年版。

Ⅲ 坠灭的风火轮

中国古代神话传说中，有大量"神行"的故事。

在人们开始脱离最初"卧则居居，起则于于"①的节奏极其缓慢的原始生活时，浮云、疾风由于神奇的流动速度而成为某些部族信仰的中心和祖神的象征。"黄帝氏以云纪，故为云师而云名。"而任、宿、须句、颛臾等部族，则以风为姓。在远古传说时代，飞鸟由于其行高远，人不可及，也成为许多部族的崇拜对象。例如，少皞部族就"纪于鸟，为鸟师而鸟名"。最早的社会公务人员都以鸟名为职称："凤鸟氏，历正也；玄鸟氏，司分者也；伯赵氏，司至者也；青鸟氏，司启者也；丹鸟氏，司闭者也；祝鸠氏，司徒也；鸤鸠氏，司马也；鸤鸠氏，司空也；爽鸠氏，司寇也；鹘鸠氏，司事也。""五鸠"的职能是纠民。另有"五雉"，作为管理手工业的"五工正"。此外，还有"九扈"（扈也是鸟类）为"九农正"，管理农业生产。②从《山海经》等典籍中，我们还可以看到，各种游鱼和走兽，往往也由于其行迅疾而备受尊崇，成为象征各个部族生命力的文化符号。

随着交通与交往逐渐成为人类谋求生存的重要方式，随

————————

① 《庄子·盗跖》。
② 参见《左传·昭公十七年》。

着出行逐渐成为人类最主要的社会活动之一，人类对某些自然物、自然力的崇拜发生变异，转而将开拓交通事业的英雄奉为神话的主体。"与日逐走"的夸父，就是这样的人格神。

古代神话中还有"乘龙"之神。《大戴礼·五帝德》说颛顼"乘龙"。《山海经》中，祝融、蓐收、夏后启等，都"乘两龙"。《山海经》中又有践蛇之神。乘龙经天，践蛇行地，都取超常的交通方式。《太平御览》卷八引《黄帝岐伯经》说："岐伯乘绛云之车，驾十二白鹿，游于蓬莱之上。"汉代画像中的龙车、虎车、鹿车、鱼车等，往往以云为轮，可以看作这类神话传说的形象说明。《庄子·逍遥游》说："列子御风而行，泠然善也，旬有五日而后返。"据说列子"得风仙"，可以"乘风而行"。陆机《要览》也说："列子御风而行，常以立春归于八荒，立秋日游于风穴。"①显然是随季风进退而游行。

中国古代传说中的诸神也是有等级层次的区分。我们可以看到，除了可以"乘龙"的天界与人界中的帝王而外，那些有"神行"事迹的神人头上光环的亮度其实是极其有限的。对于"与日逐走""道渴而死"的夸父，有"不量力"的批评。秦人先祖中的神话人物据说"蜚廉善走""造父善御"，然而前者"以材力事殷纣"，后者尽管能够一日千里，依然不

---

① 〔宋〕陈元靓撰：《岁时广记》卷三"秋"，中华书局2020年版，第88页。

过"为缪王御"①，都是帝王的臣仆。至于"愚公移山"神话，从"愚公"的命名就已经明显体现出其神格的卑下。脚踏风火轮的哪吒和善使筋斗云的孙悟空，在正统神界眼中，或为叛逆，或为妖邪。就连《水浒传》中腿上贴神符即可日行八百里的神行太保戴宗，最终也成为水寨中的"贼寇"。这一倾向的现实背景，是人世间交通运输业往往被视作辛劳艰险的卑下之业的现实。

神行传说的产生，基于世俗社会对发展交通、提高交通效率的向往。神行传说的往往不尽完满，例如"孙猴子一个筋斗十万八千里，还是逃不出如来佛的手心"，与现实社会交通不发达的状况同样，最终总是受到文化基础的制约。

清人方浚颐在《梦园丛说》中记录了一种神行奇术：

> 予儿时闻先大夫向诸叔父言：伊犁某大臣在京师遇异人，以三千金为贽，授之两奇术。一为风火轮，其法：觅古寺观千年瓦当，雕作两小车轮，装于鞋底之中，捏诀讽咒，其行如飞，日可八百里。

这位方老先生还写道，他为此"心颇讶之"，曾询问一位翟先生，翟先生自称亲眼见过此人往来，"数百里一日即回程，了无倦意"。传说是真实还是虚妄姑且不论，自己制作的这种

---

① 《史记·秦本纪》。

"风火轮"，须取"古寺观千年瓦当"，这恰恰就像一种隐喻，告诉我们传统文化因素对于交通发展的作用。

通过古人对个个具有"神行"异能的天神世界生活情景的想象，也可以看到当时人们或许已经隐约体会到交通效率与文化节奏之间的关系。

《洞冥记》"东方朔"故事中，说到东方朔离家一年，母亲问询，却答："朝发中返，何云经年乎？"说明人世"经年"，仙界才半日。《灵怪集》"郭翰"故事中，织女说："人中五日，彼一夕也。""彼"指天上。《幽明录》中"琅琊人"故事说："此间三年，是世中三十年。"《西游记》中也有"天上一日，人间一年"之说。韩元吉《虞美人·七夕》："离多会少从来有，不似人间久；欢情谁道隔年迟？须信仙家日月未多时。"张联桂《七夕》诗也写道："洞里仙人方七日，千年已过几多时；若将此意窥牛女，天上曾无片刻离。"也说神仙世界的生活节奏较世俗世界要快得多。

产生这种"天上一日，人间一年"的观念的由来，有的学者解释说，可能犹如张华《情诗》所谓"居欢惕夜促，在戚怨宵长"，许国彦《长夜吟》所谓"南邻灯火冷，三起愁夜永；北邻歌未终，已惊初日红。不知昼夜谁主管，一种春宵有长短"那样，因悲欢对比而形成了感觉差异。可是，佛教典籍中也可以看到类似的内容。《大般涅槃经·如来性品》说："如人见月，六月一蚀，而上诸天须臾之间频见月蚀，何以故？彼天日长，人间短故。"释贯休《再游东林寺》诗中也说"莫疑远去无消息，七万余年始半年"，自注："人间四千年，兜率天一昼夜。"要知道佛界是不讲物质享乐的。况且传说地狱与人间的节奏对比也与天界相同。《十八泥犁经》记载，地狱有以人间三千七百五十岁为一日、以人间万五千岁为一日者不等。《翻译名义集·鬼神》引《世品》也说"鬼以人间一月为一日"。地下时光也像天上时光一样异于人间世，说明"乐而时光见短易度"，"苦而时光见长难过"的解释不尽圆满。其实，古人很可能已经朦胧感觉到文化发展程度较高的社会，其生活节奏也比较快，因此，神秘世界在想象中也自然表现出神奇的文化节奏。①

中国古代的社会生活节奏，基本上是与农人的生产和生活节奏相一致的。这是因为，农业经营是中国古代始终居于主体地位的经济形式。农业生产必然遵循所谓"时四时"②的规则，以太阳年为周期，随着季节农时的更替而井然有序地进行，任何激进的超前的企图都会导致饥饿和死亡。在人与自然的关系中，农人在大多数情况下不必要进行"追速"的拼搏。从容不迫的生产过程，也决定了中国人老成温厚、平缓稳重、知足常乐、消极守旧的性格特征。一整个幅员广阔的农业大国，都在季风气候的规定下进行着程序大体相同的生产过程，于是形成了一个宏大的文化共同体的大体一致的

---

① 参见王子今：《天上人间的时间比》，《文史知识》2014年第3期。
② 《礼记·王制》。

缓滞的文化节奏。

整个社会运动的脉搏的强弱，是影响交通发展的因素之一。同样，交通效率对于文化节奏也有一定的规定性的意义。

回顾中国文化史的进程，可以看到曾经有过驰道飞车、"春风得意马蹄疾"的时代。往往在创造出辉煌的文化成就，对人类文明有突出贡献的时代，当时交通事业也表现出较高的效率。

在人类历史的进程中，文化节奏的演变表现出越来越快的趋向。然而，人们看到，随着农业经济越来越成熟，随着与此相关的社会诸形态的定型化与凝固化，中国古代的文化节奏似乎有越来越趋于迟缓的迹象。从秦汉时期到近代有两千年左右的历史，可是交通形式长期仍没有突破原有的格局。直到近世，中国农村的道路形式、车辆结构和运输动力的种类等，都没有实现突出的进步，破陋的牛车依然吱吱轧轧缓缓行进在千年土路上。

中国文化这艘航船，什么时候在行程中抛下了沉重的锚呢？

从什么时候起，那神奇的风火轮竟然坠落冷灭，不能够再推进我们民族的文化风风火火地蓬勃向前了呢？

说到风火轮，人们自然会想起它的主人，那位日行万里的哪吒，他与神界中一般细目大耳、静坐矜持的仪容不同，全然是活泼生动的顽童形象。《三教源流搜神大全》卷七记载，哪吒初生五日时"化身浴于东海，脚踏水晶殿，翻身直上宝塔宫"。龙王于是"怒而索战"，哪吒时方七日，"即能战，杀九龙"，又截战老龙于天门之下。哪吒因为遭生父托塔天王李靖怨怒，"遂割肉刻骨还父，而抱真灵求全于世尊之侧"。世尊因为他能够降服妖魔，遂以荷藕丝叶为骨肉筋衣而"生之"，并且授以密旨，于是其神通广大、变化无穷，尽降群魔。

哪吒神话的最初产生，有出自佛教经典的基因，然而一千多年来早就深入民间，妇孺尽知，已经彻底中国化了。如果我们将这一神奇的神话形象的产生及逐渐完善，理解为用隐喻方式表现的对某种充满活力的文化形态的热诚向往，或许并不违背历史的真实。新的社会、新的文化要具有如"脚踏风火二轮"般的神异效率和蓬勃生机，大概也要对散发出陈腐气息的文化传统完成"割肉刻骨"以相绝断的过程吧。

第八章　缠足的国度

为甚事，裹了足，不因好看如弓曲，

恐他轻走出房门，千缠万裹来拘束。

〔清〕贺瑞麟：《改良女儿经》（节选）

I 在19世纪的跑道上

辛亥革命之前，外国人看中国，最令他们惊异不已的，是中国妇女缠足的风习。

人类从直立行走开始，"足"支持站立姿态，同时也成为实现空间移动的重要条件。有以人身比喻社会等级的，言"首""足""上下之分"。[①]"足"在身体最底端，却是人在正常形式下"立"与"行"的基本身体条件。进入等级社会之后，"足"受到"礼"与"法"的制约。社会地位高贵者可以

[①]《史记·儒林列传》："黄生曰：'冠虽敝，必加于首。履虽新，必关于足。何者，上下之分也。'"中华书局1959年版，第3123页。又《汉书·贾谊传》："履虽鲜不加于枕，冠虽敝不以苴履。"中华书局1962年版，第2256页。《汉书·儒林传·辕固》也可见："黄生曰：'冠虽敝必加于首，履虽新必贯于足。'"第3612页。《后汉书·杨赐传》："冠履倒易，陵谷代处。"李贤注："《楚词》曰：'冠履兮杂处。'《诗》曰：'高岸为谷，深谷为陵'也。"中华书局1965年版，第1780—1782页。

享有"骑乘"等减轻"足"的辛劳的种种便利条件。底层劳动者则通常"徒步"行走，以"步担""负担""担负"形式辛苦劳作。"刖""刜""膑""髌"和"钳""釱"都是通行的刑罚，通过摧残甚至破废"足"的功能实现对罪犯的严厉惩处。"钳""釱"保存受刑者的部分劳作能力，但是行走的基本条件受到严格限定。[1]而缠足方式对女子"足"的残害，形成长久的恶俗。

缠足，是在妇女发育期用长布条将双脚强行缠裹成纤小的弓形，久而久之，肌骨残折，双足畸变，不可复原。这种摧残妇女的反人道的陋俗是怎样产生的呢？清人袁枚《随园诗话》载录苏州"李姓女"《弓鞋》诗："三寸弓鞋自古无，观音大士赤双跌，不知裹足从何起，起自人间贱丈夫。"

一般认为，缠足风习大致起于南唐，李后主宫嫔窅娘"川帛绕脚"，"由是人皆效之"。五代及宋，缠足之风渐次流行。宋人洪迈《夷坚志》有"王夫人斋僧"条，说死去的王氏附婢女之身诉阴间之苦：

> 我以平生洗头洗足分外用水及费缠帛履袜之罪，阴府积秽水五大瓮，令日饮之。乳母亦代我饮，才尽三瓮，又遂去，不使代我。我不堪其苦。

---

[1] 参见王子今：《履与礼：汉晋等级秩序的立足点》，《江苏师范大学学报（哲学社会科学版）》2021年第2期；王子今：《足与秦汉礼、法规范的基点》，《武汉大学学报（哲学社会科学版）》2021年第6期。

说明宋代时妇女缠足已经相当普遍。明人陶宗仪《辍耕录》说：宋神宗熙宁、元丰以前，人犹为者少，后来"则人相效以不为者为耻也"。又有"缠足之风，实盛行于元"的说法。明清时期，缠足风习弥盖社会上下，汉族妇女几乎人人缠足。

清人叶调元《汉口竹枝词》中有描写缠足的内容：

> 莲勾三寸月牙翘，一端弓鞋态更娇。
> 隔着画帘听屧响，文楸枰上玉棋敲。

缠足的目的，是为了满足"贱丈夫"们对那种娇巧之态玩好欣赏的变态的心理需要。元人伊世珍在《琅环记》中说："吾闻之圣人重女而使人不轻举也，是以裹其足，故所居不过闺阁之中，欲出则有帷车之载，是无事于足者也。"对于劳作及出行的妨碍是根本不予考虑的。缠着的小脚被委婉地称为"金莲"或"香莲"。清人方绚曾著书描述这种"艺术"，他把小脚分为五类，十八种，认为小脚要做到既小巧又美观应当具备三个条件：肥、软、秀。"肥乃腴润，软斯柔媚，秀方都雅。"正如林语堂以讽刺笔调所指出的："缠足实在是中国人感官想象力最精致的创作。"①

---

① 林语堂：《中国人》。

缠足真是人类自我折磨的突出一例。一个民族的几乎一半的人口因为人为的原因而致残，以致交通交往能力受到严重限制，这实在是人类历史上一幕反文明的悲剧！

在脚上做文章，以求得男人的欣赏和女人的自悦，在中国史上是由来已久的。

明人伪作描写汉桓帝后宫生活的《杂事秘辛》中，宫中女官对入宫之女体态进行严格观测，汇报时说到"足长八寸，胫跗丰妍，底平趾敛"。这虽然未必可以说明汉代风习，但大致是与中国古代历代共同的对人体的审美标准相一致的。《汉书·地理志下》说，赵地"女子弹弦跕躧，游媚富贵，遍诸侯之后宫"。躧，据说即"小履之无跟者"，也是一种不同寻常的轻巧的女鞋，大约为舞女专用。唐代也有束脚的风习，当时宫廷舞女穿用的前端翘起的所谓"弓鞋"，曾经博得了狂热的赞赏，有人指出，这种束脚方式，实际上就是最初的缠足。林语堂还认为，缠足在近代绝迹，也是与高跟鞋的风行有关的。

《辍耕录》说，缠足之风盛行于元代，"盖所以示别于胡人也"。缠足以别华夷，其实不过说明农业民族与骑马民族相较之下交通的不发达。而事实上，北方少数民族入主中原之后，也很快被这种民俗所淹没。根据《茶香室丛抄》的记载，当时"虏中国饰"，有所谓"瘦金莲方"，"是金人妇女亦缠足矣"。满族也曾经经历过这样的过程。皇太极崇德三年（1638）七月，曾严令"有效他国裹足者，重治其罪"。但是在康熙七年（1668）禁止缠足的敕令弛禁之后，满族姑娘也纷纷仿效中原姑娘开始缠足，直到乾隆皇帝又下令禁止。

缠足这种邪恶怪诞的习俗，在清代就受到袁枚、俞正燮等开明学者的批判。清代颇多有识之士痛切地指出这种陋习的丑恶。太平天国曾经明令禁止缠足。1898年8月，在变法维新的高潮之中，近代中国颇具胆识的启蒙思想家康有为曾经专折奏请"禁妇女裹足"。他指出：

> 夫刖足者，为古肉刑之一。……女子何罪，而自童幼加以刖刑，终身痛楚，一成不变，此真万国所无。……乳哺甫离，鬈发未燥，筋肉未长，骨节未坚，而横絷弱足，严与裹缠。三尺之布，七尺之带，屈指使行，拗骨使折，拳挛蹭蹬，跼地踏天，童女苦之，旦旦啼哭。或加药水，旦夕熏然，窄袜小鞋，夜宿不解，务令屈而不伸，纤而不壮，扶床乃起，倚壁而行。

劳动妇女"日事征行，皆扪足叹嗟，愁眉掩泣，或因登梯而坠命，或因楚病而伤生"。康有为在广东创设"不缠足会"时，还曾经指出："中国裹足之风千年矣，折骨伤筋，害人生理，谬俗流传，固闭已甚！""固闭"二字，揭示了这种"万国所无"的缠足弊风所体现的文化劣根性。作为这种"上锁的脚"的精神背景的"固闭"的心，是中国近代化进程的巨大障碍。严复在《原强修订稿》中就曾经指出，如果缠足之事不加以纠变，"则变法者皆空言而已"。

在19世纪国际竞争的跑道上，面对体魄强健的西方列强，中国恰恰犹如一位"扶床乃起，倚壁而行"，"扪足叹嗟，愁眉掩泣"的缠足的弱女子。

明清之季，中国上层社会对于缠足的论识曾经出现过反复。

明代民间盛行缠足，而"禁掖中凡被选之女一登籍入内，即解去足纨，别作宫样，盖取便御前奔趋，无颠蹶之患，全与民间初制不侔"①。又有人指出，明代后妃也不缠足，不仅仅是宫女，即所谓"明朝无金莲布地之嬉"②。清初曾严令禁止缠足。顺治二年（1645）禁缠足，康熙三年（1664）又禁缠足，七年（1668）弛禁。乾隆时期又数次降旨，严禁旗女缠足，而汉族女子不在禁断之列。

就在中国姑娘长长的裹脚布缠了又放、放了又缠的时候，西方先进国家在交通建设方面的突出进步推动了文明的跃进。

> 1668年，英国人牛顿继葡萄牙人里泼西于1608年发明望远镜后，制成世界上第一架反射式望远镜模型。
>
> 1736年，英国人哈尔斯取得使用纽可门发动机作拖轮用蒸汽船的专利。
>
> 1779年，英国人威尔金森等建成了世界上最早的铸铁桥——柯尔布尔克特尔桥。

① 〔明〕沈德符：《万历野获编》。
② 〔清〕邹枚：《邹子家语》。

1783年6月4日，法国人J. M.蒙高尔费和J. E.蒙高尔费发明第一个用绸布做气囊的热空气气球，上升高度达1830米，浮行3.22千米，并首次实现载人飞行。

1787年，英国人菲利将蒸汽机最早用于船舶动力，制出第一艘能够行驶的汽船——蒸汽帆船。

1804年6月30日，俄国人查哈罗夫第一次实现乘气球进行科学考察飞行，飞行时间3小时45分。

1804年，英国人凯利发明带有固定双翼和尾翼的滑翔机，并试验成功。

1807年，美国人富尔顿用英国人制造的机器，制成以蒸汽机为动力的明轮船——克莱蒙脱号，并在哈得孙河试航成功。

1814年，英国人G.斯蒂芬逊造出第一台有实用价值的蒸汽机车。

1825年，英国人G.斯蒂芬逊发明从烟囱排蒸汽以使锅炉鼓风燃烧的第一台现代蒸汽机车，完成了火车的发明。这台机车载重90吨，时速24千米。同时，在英格兰北部斯多克顿与达林顿之间，设计并建成了第一条商业铁路。

1830年9月，英国人G.斯蒂芬逊和R.斯蒂芬逊合作制成世界第一辆载客火车——火箭号。

1838年，俄国人谢苗诺维奇·雅可比造出世界第一台实用的直流电动机，利用它发出的电力试作船舶的动力，并在圣彼得堡的涅瓦河上用直流电动机开动小船。

1840年，英国麦克米伦制成世界上早期的自行车。

1844年，应用美国人莫尔斯的发明，在华盛顿和巴尔的摩之间架设了第一条试验性有线电报线路。

1846—1850年，英国建成不列颠亚铁路大桥，桥长420米。

1849年，德国人冯·西门子铺设了从柏林到法兰克福的第一条长距离大陆电报线。

1850年，德国西门子-哈尔斯克商行铺设了自多佛至加来的第一条海底电报电缆。

1853年，英国人凯利发明第一架载人滑翔机。

1854年，英国人汤姆生发明了潜水电报，并提出关于海底电缆信号传递衰减的理论，解决了海底铺设电缆工程重大的理论问题。

1873年，美国人派尔文制成第一台以蒸汽为动力的履带式拖拉机。

1874年，德国人冯·西门子主持铺设了跨大西洋的海底电缆。

1879年，德国人冯·西门子在柏林贸易展览会上，表演了世界上最早的电气铁道。

1881年，德国人冯·西门子建立第一个电力公共交通系统，使有轨电车行驶在柏林近郊。

1883年，德国人戴姆勒发明汽车用汽油引擎——汽油内燃机。

1885年，德国人戴姆勒和本茨分别独立发明了最早的实用汽车。

1892年，美国人弗罗利希制成第一台以汽油机为动力的内燃拖拉机。

1893年，美籍奥匈帝国人 N.特斯拉发明无线电信号传输系统。

1893年，英国利物浦开始采用最早的铁路自动信号。

1895年，意大利人马可尼成功地进行了利用电磁波进行通信的试验，并获得无线电报专利权。1901年，首先实现了大西洋两岸远距离无线电信号的传送。

当中国仕女依然如同一千年前一样，在裙缘下微微露出小脚，脸上漾起矜持的微笑时，世界已经发生了巨大的变化。"资产阶级在它的不到一百年的阶级统治中所创造的生产力，比过去一切世代创造的全部生产力还要多，还要大。自然力的征服，机器的采用，化学在工业和农业中的应用，轮船的行驶，铁路的通行，电报的使用，整个整个大陆的开垦，河川的通航，仿佛用法术从地下呼唤出来的大量人口——过去哪一个世纪料想到在社会劳动里蕴藏有这样的生产力呢？"[1]我们应该注意到，"轮船的行驶，铁路的通行，电报的使用"，"河川的通航"，都是交通进步的情形。

---

① 《共产党宣言》，《马克思恩格斯选集》第一卷，人民出版社2012年版，第405页。

Ⅱ 方靴渐废

马克思和恩格斯在《共产党宣言》中写道："资产阶级，由于一切生产工具的迅速改进，由于交通的极其便利，把一切民族甚至最野蛮的民族都卷到文明中来了。它的商品的低廉价格，是它用来摧毁一切万里长城、征服野蛮人最顽强的仇外心理的重炮。"[①]由鸦片贸易所引起的南海上的隆隆炮声，揭开了近代中国的历史。

等到鸦片战争的硝烟逐渐消散，中国朝野较为清醒的政治家最先看到了中国和列强相比在交通方面的突出劣势。于是开办洋务的官僚，首先特别注重铁路、船政局、轮船招商局和电报局的营办。

中国交通技术也得到显著的发展。

1862年，在安徽安庆军械所，中国第一台蒸汽机制造成功。

1865年，中国制造出第一艘以蒸汽为动力的轮船——黄鹄号。载重25吨，航速每小时10千米左右。

1876年，中国最早的铁路——上海至吴淞线正式通车。

1881年，中国最早在上海与天津间开通电报业务。同

---

① 《共产党宣言》，《马克思恩格斯选集》第一卷，人民出版社2012年版，第404页。

年，制成国产的第一台蒸汽机车——龙号。

然而，由于陈旧保守文化根基并没有得到清理和更新，单纯技术方面的进步并不能挽回落后的颓势。

1894年，中日甲午战争爆发。9月17日，中日两国海军在鸭绿江口大东沟附近发生海战。双方战舰均为12艘，总吨位中方31000吨，日方38000吨。中方有坚固的铁甲舰和数目多于日方的大口径火炮，日舰的航速射速却超过中国。双方舰队中各有一批从19世纪60年代起就开始培养、曾经留学欧洲的海军将领。激战五小时后，中国损失致远、经远、超勇、扬威、广甲5舰，日本也有5舰被严重损伤，然而无一沉没。

双方参战的军舰数目相等，实力对比互有短长，然而由于制度的腐败和指挥的失误，清帝国的北洋舰队遭到惨败。大东沟之役后，李鸿章令海军避战自守。1895年2月，威海卫军港在日军进犯下陷落，海军提督丁汝昌自杀，北洋舰队全部覆灭。

1895年4月，清政府被迫同日本签订了不平等的《马关条约》。条约主要内容有：中国承认朝鲜独立实则承认日本对朝鲜的控制；中国割让辽东半岛、台湾全岛及所有附属各岛屿、澎湖列岛（后辽东半岛由中国以白银三千万两"赎回"）；赔偿日本军费二万万两；开放沙市、重庆、苏州、杭州为通商口岸；日本轮船得驶入以上各口岸；日本军队暂行占领威海卫，等等。由此，日本水上交通力量不仅取得了渤海、黄海的制海权，全面控制了太平洋西岸的中国海岸和海岛，而且开始深入中国的内河。

与中日甲午战争损兵失地同时，慈禧太后举办了隆重的六旬"万寿庆典"。为准备这一"庆典"而进行的颐和园工程，就是动用海军经费经办的。昆明湖畔那永远也驶不动的石舫，恰恰可以作为对北洋舰队悲惨覆亡的纪念。《马关条约》签订后不久，北京出现了这样的对联："万寿无疆，普天同庆；三军败绩，割地求和"。还有人把庆寿贺词中"一人有庆，万寿无疆"，改作"一人庆有，万寿疆无"，用充满讽刺意味的手法，抒发出激愤之情。

慈禧"六旬庆典"的费用，除贵族官僚"报效银两"298余万外，另有"部库提拨"之款，即由"筹备饷需、边防经费两款"中提用100万两，从铁路经费中"腾挪"200万两，"共筹备银三百万两，专供庆典之用"①。我们可以看看原本确定为交通事业经费中的一部分，是如何用在"庆典"中交通活动的消费上的。

"庆典"时，慈禧在颐和园及宫中之间往返，要乘坐金辇，皇后妃嫔等也要陪从，所用金辇和轿舆，都要新造。慈禧金辇一乘，就耗银76913两，为慈禧准备的四人暖轿、亮轿各二乘，八人暖轿、亮轿各二乘，又用银计12500两。帝后妃嫔的轿舆，包括十六人金龙画轿一乘，八人、四人暖轿、亮

————————

① 《皇太后六旬庆典》档卷三一。

轿六乘，共用银15065两。此外，制造太后乘坐明黄漆车二辆、皇帝乘用硃红漆车二辆、后妃乘用黄油车七辆、妈妈女子乘用青车三十辆，以及修理库存各种旧车九十余辆，共耗银78900余两。

"庆典"期间，凡慈禧太后由颐和园进宫所经过的道路两旁均要分段搭建龙棚、龙楼、经棚、戏台、牌楼、亭座，并点设其他景物，街道两旁铺面房间也必须修葺一新，"以昭敬慎，而壮观瞻"。各处点景工程，都要挂彩悬旗置灯，并安设鲜花，每段还安排官员、茶役、士兵、僧众、乐师，多达67人。街道两旁修葺的铺面房间，仅内城西华门至西直门一段，就有3438间，因为工程繁巨，时间紧迫，据估算，用银大约240万两。此外，慈禧出行，需大量请辇抬轿的校尉、太监及浩荡的仪仗队列，最基本的仪仗人员就多达3788人，所必需的各种特制的服装、马具及仪仗，用银150568两，用黄金364两。

通过这种种似乎也属于交通费用的巨额支出，我们就可以认识到，在腐败的专制制度下，推进文明进步的社会性的交通事业为什么总是难以得到发展了。

交通史的动态或许还可以通过一些细微迹象察觉。清人金安清《水窗春呓》中有"方靴渐废"条，其中这样写道：

> 京朝官皆用方靴，外官道府以上亦然，即州县及司道首领官皆如之，盖雍容袍笏之象。自甲午以后，一概用尖靴，虽朝端大老及词林中皆是，且多薄底不及数分者，取

> 其行走便捷。合京城惟卓相一人方靴而已。识者皆忧其
> 兵象。

他还注意到：

> 自来戏剧皆用昆腔，其时亦全改"二黄"及"西皮"
> 者，亢厉激烈，如闻变徵，时局乃亦与之转移，可畏也！

随着时局的变易，戏曲也转而兴起"亢厉激烈"之声，说明社会生活节奏在外来冲击下终竟发生了演进。而以往属于"雍容袍笏之象"在官场普遍流行的方靴，终于也开始被"行走便捷"的尖靴所取代。所谓"识者皆忧其兵象"，注意到这一变化与战争形势相关。而从文化史的角度看，这种与交通效率有关的社会生活节奏的变化，确实可以说是文化进步的征象。

作为新时代文明的车轮的新的交通形式，以机器生产的强大冲击力震撼着传统农业社会。受到破坏的自给自足的自然经济以其顽固的文化惯性进行着持久的抵抗。其形式之一，是破产的农民、失业的手工业工人和以前专事运输的脚力、水手们对新的交通设施的暴烈的破坏活动。

义和团把火车称作"铁蜈蚣"。蜈蚣，是生于阴湿之处的毒虫，历来被列为"五毒"之一。曾经活动于河北南宫的阎书勤领导的义和团所散发的揭帖中，有这样的内容：

神助拳，义和团，

只因鬼子闹中原。

天无雨，地焦干，

只因鬼子止住天。

天爷恼，仙爷烦，

一同下山把道传。

神出洞，仙下山，

附着人体把拳玩。

掀铁道，拔线杆，

紧急毁坏火轮船。

大法鬼，心胆寒，

英美德俄尽萧然。

号召对铁路、轮船和通信设施进行"紧急毁坏"。山东夏津流传的义和团歌谣，也唱道：

先学义和拳，后学红灯照。

杀了洋鬼子，灭了天主教。

掘了洋线杆，挑了火车道。

从义和团散发的宣传品中，还可以看到大量对新的交通方式抱敌视态度的内容。例如《涿州邓家窑碑文》所谓"电线不长久"，《乩语义和拳歌》所谓"两条铁线工不久"，《玉皇托梦传单》所谓"莫坐火车贪快，惟恐死在铁轨之中"，等等。义和团确实也有砍毁线杆、拆断铁轨的行动。尽管从整体上看，义和团运动的主流代表着反抗帝国主义侵略的进步方向，然而对近代交通方式的仇视和破坏，则暴露出农民和手工业者在长期自给自足的自然经济背景下所形成的根深蒂固的保守心理和落后意识。

通过对近代与现代近两个世纪的历史回顾，我们似乎还可以说，正是与此类似的种种陈旧的文化观念，对于文化的进步与更新来说，是较之专制主义制度更为严重的障碍。

历史总是能够冲越种种障碍曲折地前进。

中国最后一个皇帝爱新觉罗·溥仪的奇异经历，被人们看作时代转换的象征。他在紫禁城内的幽居生活中，知道了西方人发明的通讯工具电话的功用，又接受了英籍教师庄士敦赠送的一辆自行车，于是开始了体验新的交通方式的实践。在《我的前半生》一书中，他记述了命令内务府在宫中安装电话，然后利用电话和著名京剧演员杨小楼及胡适博士开玩笑的故事。他还写道：

我对例行的仪注表示了厌倦，甚至连金顶黄轿也不爱乘坐。为了骑自行车方便，我把祖先在几百年间没有感到不方便的宫门门槛，叫人统统锯掉。

中华帝国的末代皇帝终于厌弃了金顶黄轿，甚至骑着体现西方"奇技淫巧"的自行车在宫殿之间往来。庄士敦在《紫禁城的黄昏》一书中还写到，溥仪"坚持非买辆汽车不可"的愿望终于实现的故事。庄士敦还回忆说，在他主持管理颐和园时，还曾经专门设计制作了适合溥仪学习划船的小艇。

在紫禁城这一封建中国的最后据点中，传统的制度、传统的观念终于也显现出黄昏时分的苍凉之色。古老的具有明显隔绝封闭特点的交通文化，正如那被"统统锯掉"的宫门门槛一样，在近代新的文化浪潮的冲击下终于开始崩坏。

Ⅲ 紫光阁铁路：近代中国交通模型

中国铁路交通发展的艰难历程，对于说明中国近代交通文化具有典型的意义。

李岳瑞的《春冰室野乘》卷下有"铁路输入中国之始"条，记述了英国人最早在北京宣武门外修造铁路的尝试：

> 同治四年（1865）七月，英人杜兰德以小铁路一条，长可里许，敷于京师永宁门外平地，以小汽车驰其上，迅疾如飞。京师人诧所未闻，骇为妖物，举国若狂，几致大变。

后来经步军统领衙门"饬令拆卸"，"群疑始息"。后来李鸿章在《海军函稿》卷三说到的"前此铁路一里，哄动都人"，说的就是这一条铁路。由于这条铁路规模极小，而且才建成即拆毁，所以《清史稿·交通志》没有予以记载。

从严格的意义上说，中国国土上第一条正式运营的铁路，是英国商人私建的淞沪铁路。这条铁路于1866年开建，起自上海，抵至宝山县江湾镇，1876年，又延伸至吴淞。由于"火车开行，压毙人命"，被"饬令停止行驶"。李鸿章派员与英国使臣代表议定，"以规平银二十八万五千两买断，行止听中国自便"，后来，终于"以铁路不适用于中国，毁之"。①铁轨和车辆都被沉入台湾打狗港。

英国商人侵犯中国主权，擅自在中国领土上筑铁路，当然是非法的，然而清政府以重金买断，却又终而"毁之"，这种处理方式，确实是世上绝无仅有的。

从"诧所未闻，骇为妖物"而拆毁宣外铁路，到以为"铁路不适用于中国"拆毁了淞沪铁路，其间历时11年。又过了3年，1879年，西方已经出现了最早的电气铁道。1880年，清朝的一位重要将领，曾任直隶提督的刘铭传，终于上条陈力主兴建铁路。

他针对中俄边境的紧迫局势，指出："俄地横亘东、西、北，与我壤界交错，尤为心腹之忧。"而沙俄的威胁，一旦其铁路通达东方，将更为严重。"俄自欧洲起造铁路，渐近浩罕。又将由海参崴开路以达珲春。此时之持满不发者，以铁路未成故也。不出十年，祸且不测。日本一弹丸国耳，师西

---

① 《光绪朝东华录·二年九月》。

人之长技，恃有铁路，并遇事与我为难。"他特别强调铁路对于富国强兵的意义：

> 自强之道，练兵造器固宜次第举行，然其机括则在于急造铁路。铁路之利于漕务、赈务、商务、矿务、厘捐、行旅者，不可殚述，而于用兵尤不可缓。
>
> 铁路一开，则东西南北呼吸相通，视敌所趋相机策应，虽万里之遥，数日可至。虽百万之众，一呼而集。

他还提出了兴建北京至汉口、北京至浦口的南线铁路和北京至沈阳、北京至甘肃的北线铁路的具体建议。①

慈禧太后将刘铭传的上疏发给直隶总督李鸿章和两江总督刘坤一议复。李鸿章倾向于赞同，刘坤一则加以反对。自此时起，朝廷上下关于修路与反修路的大论战持续数年而不息。而起初，反修路派居于优势。

1883年12月，中法战争爆发，其后由于运输能力的劣势几致败局。清政府在与法国议和后重新整顿防务，李鸿章又一次提出召商集股，筹集资金，兴办铁路。这时，大学士左宗棠也成为态度鲜明的修路派。他指出：

> 外国以经商为本，因商造路，因路治兵，转运灵通，

---

① 参见《清史稿·交通志一》"铁路"条。

> 无往不利。其未建以前阻挠固甚，一经告成，民因而富，
> 国因而强，人物因而倍盛，有利无害。

所谓"人物因而倍盛"，显然已经注意到了交通事业的发展不仅利于经济和军事，而且对于文化的进步有着重要的作用。1887年，光绪皇帝的生父、慈禧的妹丈、醇亲王奕譞以总理海军衙门事务大臣的身份，与兵部侍郎曾纪泽共同上疏："铁路之议，历有年所，毁誉纷纭，莫衷一是。自经前岁战事，始悉局外空谈与局中实际，判然两途。臣奕譞总理事务，见闻较切。臣曾纪泽出使八年，亲见西洋各国铁路之益。现公共酌核，调兵运械贵在便捷，自当择要而图。"于是修路派得到了强有力的支持。很显然，他们是通过与西方国家的比较而体验到了发展交通的紧迫性的。

在这样的形势下，清廷于是批准将商办的由唐山至胥各庄长25里的铁路线伸延175里，经芦台、塘沽直达天津。这条线路于1888年建成通车。李鸿章又代粤商奏陈，申请接造津通铁路，与已经通车的津唐线连通。此议一出，立即遭到了反修路派的围攻。户部尚书翁同龢、礼部尚书奎润、内阁学士文治等接连上停办铁路折七件，加以阻谏，提出修造铁路有"资敌、扰民、失业"三大弊端。当时两广总督张之洞也加入到修路派的行列中，加上已经建成的津唐线已经显现出极大的效益，然而面对修路派和反修路派进入决战阶段的大辩论，慈禧太后仍犹疑不定。

1888 年，李鸿章向从来没有见过铁路的慈禧太后进献"火轮车"和"机器车"，也就是小火车。同年冬，在紫禁城以西的太液池西岸，开工修建了一条供表演和试车的窄轨铁路。这条铁路南起中南海紫光阁，一路北进，又沿北海西岸北行转东，至镜清斋（今名静心斋）前的码头而达终点。当时有称"紫光阁铁路"者，又由于位于大内之西苑（北海和中南海的总称）内，又称作"西苑铁路"。

这条宫苑中修造的小铁路，使慈禧太后和光绪帝第一次看到了这种行驶速度和运载量均为人力、畜力所远远不及的先进的交通方式。它通行于宫苑禁地，当然不能使社会交通活动直接受益，但是当时一些出入内廷的王公显贵及翁同龢一类权臣，也都借此开了眼界。

此后，慈禧在上谕中表露出倾向于修路的态度。1889 年 8 月，光绪帝亲政之后，正式委派李鸿章、张之洞会同海军衙门"妥筹开办"修路事宜，修路派的主张取得了胜利。就连以为 1888 年"五月地震，七月西山发蛟，十二月太和门火，皆天象示儆"，为"火轮驰骛于昆湖，铁轨纵横于西苑"而"忧心忡忡"[1]，一向力主反对修路的翁同龢，也一反故态，提出可以先于边地试行，以便运兵。

---

① 〔清〕翁同龢著,翁万戈编,翁万钧校订:《翁同龢日记（附索引）》第五卷,上海辞书出版社 2019 年版,第 2290 页。

中国兴修铁路，曾经经过了如此长久的持续辩论，而最后得到大体一致的结论又是通过如此奇特的方式，这在世界交通史上是绝无仅有的。但不管怎么说，兴建铁路的计划毕竟得到了最高统治者的许可而开始认真实施了。这当然是社会前进的标志之一。

从中国初建铁路至清末止，共完成官修铁路 13 条：京汉铁路、京奉铁路、津浦铁路、京张铁路、沪宁铁路、沪杭甬铁路、正太铁路、道清铁路、汴洛铁路、广九铁路（广州至深圳段）、株萍铁路、吉长铁路、齐昂铁路。商办铁路 4 条：新宁铁路、南浔铁路、漳厦铁路、潮汕铁路。此外，还有中外合办及外人承办的铁路，最著名的，有日本人经营的南满铁路、俄国人经营的中东铁路、德国人经营的胶济铁路、法国人经营的滇越铁路等。大致在铁路通达的地区，社会联系加强了，文化面貌都发生了重要的变化。

詹天佑主持的铁路修建工程的成功，应当作为这一时期文化进步的突出象征之一。詹天佑是我国第一代铁路工程专家。1905—1909 年，他主持修建了我国自己建造的第一条铁路——京张铁路（今京包线北京至张家口区段）。在修建中，他巧妙地运用"人"字形线路以减缓坡度，并且利用"竖井施工法"开挖隧道，提高了效率，缩短了工期。通过这一工程的完成，培养出了我国第一批铁路工程师，为中国交通事业的发展做了积极的贡献。

回顾近代中国的历史，人们或许会提出这样的问题：

是不是与现代交通形式相联系的，必然是先进的文化形态呢？

是不是为了谋求文化的发展和进步，必须绝对要以交通建设为第一要务呢？

回答应当是否定的。问题的关键并不在于单纯的交通技术本身，而在于更深层的文化结构。我们回顾交通交往与文化发展的历史，正是期望寻找这种种现象的最原始的文化基因。

中国交通交往不发达因而导致形成文化封闭形态的最基本的原因，除了地理环境的限制之外，还可以从以下几个方面进行总结。

1.传统经济形式

中国传统的单一的农业经济，长期以来，取彻底个体化、以一家一户为自给自足的单位。这种相互间严格封闭的体系，形成了狭隘、短视、闭塞、自守的心理趋向，并且具有强劲的历史传递力量，至今依然表现出明显的影响。陈独秀在一篇题为《卑之无甚高论》的随感录中写道："中国人民简直是一盘散沙，一堆蠢物，人人怀着狭隘的个人主义，完全没有公共心。"[①]这虽然是激愤之辞，却鲜明地指出了中国国民性中隔绝封闭的特点。

---

① 乔继堂选编：《陈独秀散文》，上海科学技术文献出版社2013年版，第144页。

2.传统等级制度

中国传统的等级制度也是文化封闭性形成的条件之一。《左传·昭公七年》说："天有十日，人有十等。下所以事上，上所以共神也。故王臣公，公臣大夫，大夫臣士，士臣皂，皂臣舆，舆臣隶，隶臣僚，僚臣仆，仆臣台。"在不同的时代，等级界限各有不同，但是不同等级层次的人们不仅不容易交往，就连"对话"也相当困难。于是，中国社会历来就有的隔分上下的条条裂痕，也严重限制了交通交往的发展。

3.传统伦理观念

李鸿章曾经在私下清醒地指出，中国自古相传的君臣、父子、夫妻、兄弟、朋友的五常伦理，已经不适应"大地交通，国家种族之竞争愈烈"的时代了，而"吾之古伦理，愈不适于世用，而吾国人犹泥之。此地方所以不发达、邦国之所以日受人侮也"。①在以家族为基本生存组织的社会里，对内讲究"求同"，讲究"和谐"，对外则坚持"非我族类，其心必异"②。这种观念，也是文化封闭性形成的重要原因之一。

4.传统虚荣心理

在妨碍文化交往的障碍中，还包括"德被天下""四夷来宾"的自视为文明中心的民族虚荣心。汉成帝元延三年（前10），为了"将大夸胡人以多禽兽"，向西北少数民族夸耀禽

---

① 参见《清代四名人家书·李鸿章·谕玉侄》。
② 《左传·成公四年》。

兽之多，命令右扶风驱使百姓入秦岭，在方圆数百里的区域内组织大围猎，将捕捉的熊罴禽兽用槛车装载，集中到长杨宫射熊馆，设置围栏，纵放禽兽于其中，令胡人赤手搏取，自取其获。[1]与此类似，隋炀帝也有制造虚假现象以夸示富足的蠢举。公元610年，西域使者和商贾云集洛阳。隋炀帝设置巨大的百戏场，为西域人表演百戏，奏乐人多达1.8万，声闻数十里。西域人入市交易，隋炀帝令本市商人盛饰市容、广积珍货，商贩个个衣冠华美，连卖菜人也以龙须席铺地陈放蔬菜。西域人经过酒食店，店主延请入座，任其醉饱，不取酬偿，对客人说：隋朝富庶，酒食从来不要钱。甚至市上树木，也都用帛缠裹。这种只能引起外人嗤笑的愚蠢的虚荣心，长久不能绝迹，也成为阻碍文化交往的因素之一。如果不破除被鲁迅称为"爱国的自大"[2]的这种传统心理，要促进交往，推进文化的进步，显然也是不可能的。除了国际交往之外，在一般的人际交往中，这种一般所说的"重面子"的传统心理，也是障碍之一。

5.传统政治体制

中国古代高度集权的专制主义政治，对经济文化行施强有力的干预。这既表现于国家对经济文化方面的社会活动有"官营"，即直接统制的传统，而且在最高统治者认为适宜的

---

[1] 参见《汉书·扬雄传下》。
[2] 鲁迅：《热风·随感录三十八》。

一定时期往往推行超经济的、反文化的强制政策。此外，古老的政治道德"忠"与"义"，在心理上往往限定了一切经济活动和文化活动的发生条件。[①]在这种观念支配下，所谓"经济人"和"文化人"，实际上首先都是"政治人"。[②]一切交通交往活动，只有有益于君主和"国家"，才是合理的。我们讨论交通文化，这种传统力量的作用显然是无法避开的。"紫光阁铁路"的启示就在于，首先，如果皇太后和皇帝不能通过直接的感受表露出积极的倾向性，修路之议是必然将被驳回的，于是才有宫苑中这种玩具般的小铁路的出现。其次，修路派力倡兴建铁路的出发点，也仅仅在于加强防务即"强兵"的政治方面的考虑。促进经济发展，也是为了"富国"，即加固专制政体的经济基础。很显然，旧有的传统的政治体制的限定，也是阻遏交通交往发展的重要因素之一。

---

① 参见王子今：《"忠"观念研究——一种政治道德的文化源流与历史演变》，吉林教育出版社1999年版，第116页。
② 参见王子今：《权力的黑光：中国传统政治迷信批评》，四川人民出版社2020年版，第10—16页。

千 里 驹

我们民族文化的未来

当时历块误一蹶，委弃非汝能周防。

见人惨澹若哀诉，失主错莫无晶光。

天寒远放雁为伴，日暮不收乌啄疮。

谁家且养愿终惠，更试明年春草长。

〔唐〕杜甫：《瘦马行》（节选）

唐代诗人李贺曾有著名的《马诗二十三首》，以骏马作为奇才远志之士的借喻。其中"只今捭白草，何日蓦青山""欲求千里脚，先采眼中光""一朝沟陇出，看取拂云飞""莫嫌金甲重，且去捉飘风"等名句，历来脍炙人口。又如：

> 大漠沙如雪，燕山月似钩。
> 何当金络脑，快走踏清秋。

捉风拂云的良马，其实是志士奇伟俶傥风采的象征。

古时常常用"千里驹"来比喻英俊有为之士志行才力之高绝。《史记·鲁仲连邹阳列传》张守节《正义》引《鲁仲连子》云："有徐劫者，其弟子曰鲁仲连，年十二，号'千里驹'。"《汉书·楚元王传》说刘德"有智略，少时数言事"，召见甘泉宫时，"武帝谓之'千里驹'"。《三国志·魏书·曹休传》说，曹操族子曹休年十余岁，流落吴地，辗转北归投见曹操，曹操对左右说："此吾家千里驹也！"据清人陆以湉《冷庐杂识》卷五"千里驹"条的考据，"'千里驹'之见于史者，汇载诸说部家，而徐氏《玉芝堂谈荟》、赵氏《陔余丛考》所记较多。"史籍中可见被誉为"千里驹"的除"汉刘德、魏曹休"外，还有"晋傅咸、刘曜、苻朗，宋张敷，梁萧暎、王茂、任昉、袁昂、刘杳、丘仲孚、王规，北魏李伯尚、李孝伯、袁跃，北齐冯翊、王润、崔昂、元文遥，北周杜杲，隋张虔威，唐李暠、李千里，宋赵子㳟，辽耶律的琭"。又补入十六国前赵李景年，五代朱友伦、赵犨，宋刘永年、黄庭坚、晁补之等，合计多达三十余人。① 屈原赋《卜居》中写道：

> 宁昂昂若千里之驹乎？
> 将泛泛若水中之凫乎，
> 与波上下，偷以全吾躯乎？

宁可像一匹千里马志行昂昂呢？还是像水中的野鸭子那样浮泛无主，随波逐流，苟且求生呢？紧接着，他又写道：

> 宁与骐骥亢轭乎？
> 将随驽马之迹乎？

---

① 参见〔清〕陆以湉撰，崔凡芝点校：《冷庐杂识》，中华书局1984年版，第292—293页。

宁可与骐骥并驾齐驱，互争高下呢？还是踏着疲弱之马的蹄印懒洋洋地行进呢？

可以说，在我们民族的传统文化中，自古以来就存在着一种积极拼搏、争先向上的精神。这种精神尽管没有能够成为影响整个社会的风尚，然而作为一种文化潜流，一旦加以开发，就可以产生巨大的能量。

周穆王西行所系驾的八匹良马，称作"八骏"，八骏名目记载不一。《拾遗记》中记作：绝地、翻羽、奔霄、超影、逾辉、超光、腾雾、挟翼。从这些传说中的神马的名称，可以看到古人发展交通交往，"超光""绝地"，冲越时间和空间局限的理想。

这种理想的光辉常常为隐逸之士时时歌咏的那种雾霭云霞所遮蔽，若明若暗，不能普照各各隔离的园林田舍。

现在，我们终于进入了一个历史新时期。

在改革大潮的冲击下，许许多多以往几乎与世隔绝的荒山穷村，也开始焕发出新的生命力，那里的经济活动开始更为积极、更为主动地融并入全社会经济结构的整体运动之中，那里生活的人们也开始接近了现代文化意义上的"社会人"。

中国1995—2023年的交通发展进程显示出明显的进步。但是，与发达国家相比，我国交通交往的幅度与密度依然处于比较低下的水平。

杜甫在《瘦马行》一诗中借一匹"皮干剥落杂泥滓，毛暗萧条连雪霜"的瘦马，咏叹人生失意的悲凉。"当时历块误一蹶，委弃非汝能周防。见人惨澹若哀诉，失主错莫无晶光。天寒远放雁为伴，日暮不收乌啄疮。谁家且养愿终惠，更试明年春草长。"这匹瘦马战时飞奔逐寇，不幸失足跌倒，"误"于"一蹶"，于是无辜地被遗弃了。

它神情黯淡，像是要诉说自己的苦衷，目光落寞无神。孤寂只能与雁为伴，日暮任凭乌啄其疮。诗人依然抱有积极的期望，希望它能够得到很好的照料，相信待明年春来草长，经过休息养护，更试其材，足力必定可观。

我们也坚信我们民族文化的"千里驹"一定能够驰骋腾跃在现代世界的赛场上。因而，当然也真诚地怀着对"明年春草长"的热切期望。

附论

中国古代交通法规的"贱避贵"原则*

中国古代在专制体制得到强化的年代，社会权利的分享形式会发生畸变。拥有行政权的社会等级往往享有其他各种特权。以交通形式而言，帝王贵族高官通常在路权使用方面据有绝对的优势地位。这种优势往往使得社会下层民众的交通权利受到侵害，实际上也使得社会的公权受到侵害。这一情形得到律令体系全面而明确的肯定和保障，是法制史学者应当关注的事实。

1. 驰道制度

秦帝国实现统一的第二年，即秦始皇二十七年（前220），有"治驰道"的重大行政举措。这一行政内容载入《史记》卷六《秦始皇本纪》，说明这一工程是由最高执政集团策划并

---

* 本文初刊于《中国古代法律文献研究》第7辑。

主持施工的。驰道的修筑，可以说是秦汉交通建设事业中具有最突出时代特色的成就。通过秦始皇和秦二世的出巡路线，可知驰道当时已经结成了全国陆路交通网的基本要络。《史记》卷八七《李斯列传》记载，曾经作为秦中央政权主要决策者之一的左丞相李斯被赵高关押，在狱中向秦二世上书自陈，历数功绩有七项，其中第六项就是"治驰道，兴游观，以见主之得意"。可见这一交通建设工程是由丞相这样的高级官僚主持规划施工的，而秦的交通道路网的重要作用，是在炫耀皇帝的"得意"。刘邦见到过秦始皇出行，感叹道："嗟乎，大丈夫当如此也！"[1]项羽目睹"游会稽，渡浙江"的秦始皇，说："彼可取而代也。"[2]刘、项看到秦始皇出巡车队时的观感，都真切体现出秦始皇出行时的"得意"。

《礼记·曲礼》中说到国君遇灾年时自为贬损诸事，包括"驰道不除"。或许"驰道"之称最初可早至先秦，然而当时尚未形成完备的道路制度。孔颖达解释说："驰道，正道，如今御路也。是君驰走车马之处，故曰驰道也。"《说文·马部》："驰，大驱也。"段玉裁注："驰亦驱也，较大而疾耳。"看来，驰道是区别于普通道路的高速道路。所谓"是君驰走车马之处"，体现"驰道"行走权的等级限定。

从史籍记载可知，秦汉驰道制度有不允许随意穿行的严格

---

① 《史记·高祖本纪》，中华书局 1959 年版，第 344 页。
② 《史记·项羽本纪》，中华书局 1959 年版，第 296 页。

规定。史载汉成帝为太子时故事，"初居桂宫，上尝急召，太子出龙楼门，不敢绝驰道，西至直城门，得绝乃度，还入作室门。上迟之，问其故，以状对。上大说，乃著令，令太子得绝驰道云"①。刘骜在元帝急召的情况下，以太子身份，仍"不敢绝驰道"，绕行至直城门，"得绝乃度"。此后元帝"著令"，特许太子可以"绝驰道"。所谓"乃著令，令太子得绝驰道云"，颜师古注："言'云'者，此举著令之文。"就是说，所谓"令太子得绝驰道"，正是令文内容。驰道不能随处横度，大约设置有专门的平交道口或者立交道口，以使行人"得绝"而度。史念海曾指出："畿辅之地，殆因车驾频出，故禁止吏人穿行。若其他各地则不闻有此，是吏民亦可行其上矣。"②以驰道分布之广，推断关东地区不致有如此严格的禁令。确实"畿辅"以外的"其他各地"没有看到禁令如此严格的实例。

秦汉驰道制度的另一条严格规定，是非经特许，不得"行驰道中"。云梦龙岗秦简有涉及"驰道"的内容：

> 敢行驰道中者，皆辠（迁）之；其骑及以乘车、轺车
> □（五四）
>
> □牛、牛□（五五）
>
> □车□□（五六）

---

① 《汉书·成帝纪》，中华书局1962年版，第301页。
② 史念海：《秦汉时代国内之交通路线》，《文史杂志》第3卷第1、2期，收入《河山集》第4集，陕西师范大学出版社1991年版。

　　□輓车（五七）

　　行之，有（又）没入其车、马、牛县、道【官】，县、
道□（五八）

整理者以为这几枚简可以缀合，释文为："敢行驰道中者，皆耐
（迁）之；其骑及以乘车、轺车（五四）牛、牛（五五）车、輓
车（五七）行之，有（又）没入其车、马、牛县、道【官】，
县、道□（五八）。"①简文记录了禁行"驰道中"的制度。秦汉
驰道是有分行线的高速道路，中央三丈为皇帝专有。

　　汉武帝时禁令似乎最为严格，《汉书》卷四五《江充传》
记载，江充拜为直指绣衣使者，"出逢馆陶长公主行驰道中"，
于是拦截斥问，公主辩解说："有太后诏"。②江充则强调，即
使有太后诏准，也只有公主一人得行，随行车骑是不允许的。
于是"尽劾没入官"。颜师古注引如淳曰："《令乙》：骑乘车
马行驰道中，已论者没入车马被具。"也说相关规定明确列入
法令。据颜师古注，馆陶长公主是"武帝之姑，即陈皇后母
也"。可知执法的严厉。江充又曾逢太子家使乘车马"行驰道
中"，也加以扣押。太子刘据请求从宽处理，被江充严词拒
绝。江充因此得到汉武帝欣赏，一时"大见信用，威震京

---

① 中国文物研究所、湖北省文物考古研究所：《龙岗秦简》，中华书局2001
年版，第95页。
② 刘攽曰："是时太后已崩，言太后诏者，素得此诏，许其行驰道中也。"
〔清〕王先谦：《汉书补注》第7册，上海师范大学古籍整理研究所整理，上海
古籍出版社2008年版，第3576页。

师"。①汉武帝尊奉其乳母,"乳母所言,未尝不听",于是"有诏得令乳母乘车行驰道中"。②未有诏令而"行驰道中",应依法受到严厉的处罚。

《汉书》卷七二《鲍宣传》记述了汉哀帝时任长安附近地区行政治安总管的司隶校尉鲍宣直接维护驰道行车制度的故事:"丞相孔光四时行园陵,官属以令行驰道中,宣出逢之,使吏钩止丞相掾史,没入其车马,摧辱宰相。"颜师古注引如淳的说法:"《令》:诸使有制得行驰道中者,行旁道,无得行中央三丈也。"也说明正式颁布的法令中有驰道禁行的内容。鲍宣的处理有偏执之嫌,随即受到皇帝处置,而后又引发了太学生的抗议。③除了丞相孔光属下的掾史"行驰道中"被司隶鲍宣拘止,车马均被没收之外④,翟方进"为丞相司直,从上甘泉,行驰道中",为司隶校尉陈庆劾奏,"没入车马"。⑤

到汉宣帝时,当时人已经注意到"今驰道不小也,而民公犯之,以其罚罪之轻也",又有"乘骑车马行驰道中,吏举苛而不止"情形。⑥驰道制度实际上已受到严重破坏,当权者

---

① 《汉书·江充传》:"后充从上甘泉,逢太子家使乘车马行驰道中,充以属吏。太子闻之,使人谢充曰:'非爱车马,诚不欲令上闻之,以教敕亡素者。唯江君宽之!'充不听,遂白奏。上曰:'人臣当如是矣。'大见信用,威震京师。"
② 《史记·滑稽列传》褚少孙补述。
③ 参见王子今:《西汉长安的太学生运动》,《唐都学刊》2008年第6期;王子今:《王咸举幡:舆论史、教育史和士人心态史的考察》,《读书》2009年第6期。
④ 参见《汉书·鲍宣传》,中华书局1962年版,第3093页。
⑤ 《汉书·翟方进传》,中华书局1962年版,第3412页。
⑥ 〔汉〕桓宽著,王利器校注:《盐铁论校注》,中华书局1992年版,第566、567页。

已无法对违禁者一一进行严厉处罚。到了汉平帝元始元年（1）六月，终于"罢明光宫及三辅驰道"①。罢三辅驰道不可能是毁断已有道路，应理解为禁行"驰道中"的制度终于废止。驰道制度的这一变化，不仅仅是皇权衰落的标志，应当说也是顺应了交通事业进一步发展的要求，是以乘马和高速车辆的空前普及为背景的。然而王莽地皇三年（22）下书说到"常安御道"②，反映帝王专有道路在都城及附近地区依然存在。

《史记》卷六《秦始皇本纪》"治驰道"句下，裴骃《集解》引应劭曰："驰道，天子道也，道若今之中道然。"可见东汉时仍有近似于驰道的皇家专用道路。"御道"存在的直接例证又有《后汉书》卷三三《虞延传》："（建武二十三年）帝乃临御道之馆，亲录囚徒。"《太平御览》卷一九五引陆机《洛阳记》："宫门及城中大道皆分作三，中央御道，两边筑土墙，高四尺余，外分之，唯公卿、尚书，章服，从中道，凡人皆行左右。"所谓"中央御道"，大致可以沟通所谓"中道"和"御道"概念的含义。③曹植"尝乘车行驰道中，开司马门出。太祖大怒，公车

---

① 《汉书·平帝纪》，中华书局1962年版，第351页。
② 《汉书·王莽传下》，中华书局1962年版，第4174页。
③ 《晋书·五行志中》："义熙中，宫城上及御道左右皆生蒺藜，亦草妖也。蒺藜有刺，不可践而行。生宫墙及驰道，天戒若曰：人君不听政，虽有宫室驰道，若空废也。故生蒺藜。"卷二九《五行志下》："（元帝永昌元年）八月，暴风坏屋，拔御道柳树百余株。"

令坐死。由是重诸侯科禁，而植宠日衰"①。汉魏之际都城中大约又有驰道制度，但可能只局限于宫城及附近大道的部分区段，不像西汉早中期那样全线都禁止通行了。

《晋书》卷二八《五行志中》："义熙中，宫城上及御道左右皆生蒺藜，亦草妖也。蒺藜有刺，不可践而行。生宫墙及驰道，天戒若曰：人君不听政，虽有宫室驰道，若空废也。故生蒺藜。"所谓"御道"和"驰道"在正史中互用，说明两种表述方式的指代对象是大体一致的。后世"驰道"名号含义或有不同。《宋书》卷六《孝武帝纪》："（大明五年闰月）初立驰道，自阊阖门至于朱雀门。又自承明门至于玄武湖。"此"驰道"应即"御道"。而《隋书》卷三《炀帝纪三》："（大业三年五月）戊午，发河北十余郡丁男凿太行山，达于并州，以通驰道。"则"驰道"应指高速道路，未必有禁行限行制度。但是史籍仍多见有以"驰道"称皇家专有道路或皇家拥有特殊通行特权者，继承了秦汉以来的传统交通意识。②

① 《三国志》卷一九《魏书·陈思王植传》，中华书局1964年版，第558页。
② 以正史为例，有《旧唐书》卷九六《宋璟传》、《新唐书》卷四九上《百官志上》、卷五〇《兵志》、卷一一五《狄仁杰传》、卷一二四《宋璟传》、《宋史》卷三二八《安焘传》、《金史》卷一一《礼志三》、卷一二八《循吏列传·刘焕》、《元史》卷七八《祭祀志三》、卷一八五《盖苗传》、卷二〇三《方技列传·田忠良》、《明史》卷四八《礼志二》、卷四九《礼志三》、卷六八《舆服志》、卷一三六《崔亮传》、卷三〇九《流贼列传·李自成》等。

2. 警趯·儆跸

帝王出行时，又有在一定时间内全面占有道路，强制性禁止平民通行的制度。即"趯"或"跸"。

《说文·走部》："趯，止行也。"段玉裁注："今礼经皆作'跸'。惟《大司寇》释文作'趯'。云本亦作'跸'。是可见古经多后人改窜。亦有仅存古字也。《五经文字》曰：'趯、止行也。'《梁孝王传》：'出称警。入言趯。'"《史记》卷五八《梁孝王世家》："得赐天子旌旗，出从千乘万骑。东西驰猎，拟于天子。出言趯，入言警。"司马贞《索隐》："《汉旧仪》云：'皇帝辇动称警，出殿则传跸，止人清道。'言'出''入'者，互文耳，入亦有跸。"《汉书》卷四七《文三王传·梁孝王武》："得赐天子旌旗，从千乘万骑，出称警，入言趯，儗于天子。"颜师古注："警者戒肃也。趣止行人也。言出入者互文耳。出亦有趯。《汉仪注》：'皇帝辇动，左右侍帷幄者称警，出殿则传跸，止人清道也。'"

所谓"趯"或"跸"，即道路戒严形式。

《史记》卷一〇二《张释之冯唐列传》讲述了这样一个故事："上行出中渭桥，有一人从桥下走出，乘舆马惊。于是使骑捕，属之廷尉。"主持司法的廷尉张释之对此案的处理，成为中国法制史和中国法律思想史上著名的案例。司马迁记述的原文是："廷尉释之治问，曰：'县人来，闻跸匿桥下，久之，以为行已过，即出，见乘舆车骑即走耳。'廷尉奏当一人犯跸，当罚金。"汉文帝大怒，以为惩罚过轻："此人亲惊吾马，吾马赖柔和，令他马，固不败伤我乎？而廷尉乃当之罚金！"张释之则坚持说，"法者，天子所与天下公共也。今法如此而更重之，是法不信于民也。且方其时，上使立诛之则已。今既下廷尉，廷尉，天下之平也，一倾而天下用法皆为轻重，民安所措其手足？唯陛下察之。"以为现在法律条文规定如此，而处罚却要依据陛下个人的情感倾向无端加重，则必然会使法律在民众心目中的确定性和严肃性受到损害。既然交由廷尉处置，自然应当秉公办事。事后，汉文帝承认张释之的意见是正确的。张释之执法的这一著名故事，说明了"法者，天子所与天下公共也"意识的早期形成，也告知我们，西汉"跸"的制度以及"犯跸"处罚规定推行的情形。所谓"方其时，上使立诛之则已"，说明现场执行"跸"的制度由皇帝亲自决策使用残酷杀戮的处罚形式，开明如张释之也是以为可以接受的。

"跸"应当是在先秦时期已经形成的交通制度。《周礼·夏官司马·隶仆》："掌跸宫中之事。"郑玄注："宫中有事则跸。郑司农云：跸，谓止行者清道，若今时儆跸。"《周礼·天官冢宰·宫正》："凡邦之事跸。"郑玄注："凡邦之事跸，国有事，王当出，则宫正主禁绝行者，若今时卫士填街跸也。"《周礼·秋官司寇·大司寇》："凡邦之大事，使其属跸。"郑玄注："故书'跸'作'避'。杜子春云：'避'当为

'辟'，谓辟除奸人也。玄谓'跸'，止行也。"《礼记·曾子问》："主出庙入庙，比跸。"郑玄注也说："'跸'，止行也。""跸"的本义是"止行者"，也就是禁止一般人通行。其最初有谋求安全的动机，即所谓"辟除奸人"。"徼跸"即"警跸"，也就是在君王出行时，于所经路途侍卫警戒，清道止行，实行交通道路戒严，用禁止他人通行的方式保证最高政治权力拥有者出入的安全与畅通。

"警跸"不仅限于交通优先权的问题，实际上也体现出专制帝王对公共交通条件的强力霸占。而由《汉官旧仪》卷上所谓"出殿则传跸，止人清道"，可以知道这种强制性的道路专有，对公共交通的阻碍往往是相当严重的。张释之故事中"闻跸匿桥下"者，"久之，以为行已过"，也说明"警跸"对公共交通设施的霸占往往时间超长。

《唐律疏议》卷二六《杂律》明确规定："诸侵巷街、阡陌者，杖七十。"疏议曰："'侵巷街、阡陌'，谓公行之所，若许私侵，便有所废，故杖七十。"可见法律是维护公共交通条件"公行之所"的，"私侵"即私人有所损害侵犯者，应予依法惩罚。那么，"警跸"对交通道路的"侵"，为什么被看作是合法的呢？这是因为在专制制度下，帝王的地位至高无上，而且帝王就是国家的代表，这种侵害是不被看作"私侵"的。

3.行李自大，道路相高

对公共交通条件的占有，也表现在贵族、将相、高官出行时"清道"成为常规。权贵官僚出行时为了提高"止人清道"的效率，往往采用以声响威慑的方式。《古今注》卷上写道："两汉京兆河南尹及执金吾司隶校尉，皆使人导引传呼，使行者止，坐者起。"这种"传呼"，唐代又通常称作"喝道"。

《旧唐书》卷一六五《温造传》记载，御史中丞温造"尝遇左补阙李虞于街，怒其不避"，捕其随从予以笞辱。他在路遇中书舍人李虞仲时，又曾经强行牵走李虞仲乘车的"引马"。与知制诰崔咸相逢，竟然"捉其从人"。之所以在道路行走时就避与不避"暴犯益甚"，就是因为温造自以为权势高大，"恣行胸臆，曾无畏忌"。于是有大臣上奏："臣闻元和、长庆中，中丞行李不过半坊，今乃远至两坊，谓之'笼街喝道'。但以崇高自大，不思僭拟之嫌。"以为如果不予纠正，则损害了古来制度。唐文宗于是宣布敕令："宪官之职，在指佞触邪，不在行李自大。侍臣之职，在献可替否，不在道路相高。并列通班，合知名分，如闻喧竞，亦已再三，既招人言，甚损朝体。其台官与供奉官同道，听先后而行，道途即只揖而过，其参从人则各随本官之后，少相辟避，勿言冲突。又闻近日已来，应合导从官，事力多者，街衢之中，行李太过。自今后传呼，前后不得过三百步。"这是皇帝亲自就交通

规则发表权威性具体指示的罕见的史例。官僚"笼街喝道"，
"街衢之中，行李太过"，迫使皇帝干预，可见这种现象对社
会的危害已经相当严重了。"行李自大"，"道路相高"，形成
了官场风气。从唐文宗指令"自今后传呼，前后不得过三百
步"，可以推知以往高官出行道路占有，到了何等程度。所谓
"行李太过"，是说随从车骑队列规模过大。顾炎武《日知录》
卷三二"行李"条写道："唐时谓官府导从之人亦曰'行
李'。"所举例证，就是温造故事。"元和、长庆中，中丞行李
不过半坊"，《山堂肆考》卷六二写作"中丞呵止不过半坊"。

韩愈《饮城南道边古墓上逢中丞过赠礼部卫员外少室张
道士》诗："偶上城南土骨堆，共倾春酒三五杯。为逢桃树相
料理，不觉中丞喝道来。"说到赏春时遭遇"喝道"的情形。
王伯大注："中丞，谓裴度也。"①《说郛》卷七六李商隐《义
山杂纂》"杀风景"条所列凡十二种情景，第一种就是"花间
喝道"。宋人周密《齐东野语》卷一五"花憎嫉"条所列十四
项，包括"花径喝道"。宋人胡仔《渔隐丛话》前集卷二二：
"《西清诗话》云：《义山杂纂》品目数十，盖以文滑稽者。
其一曰'杀风景'。谓：'清泉濯足、花上晒裈、背山起楼、
烧琴煮鹤、对花啜茶、松下喝道。'""王荆公元丰末居金陵，
蒋大漕之奇夜谒公于蒋山，驺唱甚都。公取'松下喝道'语
作诗戏之云：'扶襄南陌望长楸，灯火如星满地流。但怪传呼

---

① 钱仲联：《韩昌黎诗系年集释》下册，上海古籍出版社1984年版，第917页。

杀风景，岂知禅客夜相投。'自此'杀风景'之语，颇著于世。"明人徐燉《徐氏笔精》卷三"杀风景"条："松间喝道，甚杀风景。严维《游云门寺》云：'深木鸣驺驭，晴山耀武贲，实不雅也。'蔡襄云：'欲望乔松却飞盖，为听山鸟歇鸣驺。'庶几免俗。"无论是"花间喝道""花径喝道"，还是"松下喝道""松间喝道"，都是对文人雅趣的粗暴干扰。明人王廷陈《梦泽集》写到，有人游衍别墅，"闻唱驺声，惊曰：'何物俗吏喝道入吾林！'"也体现了同样的愤懑。而通常"喝道"这种对"公行之所"的"私侵"，社会危害显然远远比"杀风景"更为严重。

在官场日常生活中，"出从笼街驭，时观避路人"①是极平常的感觉。然而"路巷街"这种"公行之所"，并非一般的生存空间，对于经济往来、文化交流、信息沟通，有特别重要的意义。对公共交通条件的霸占，实际上是一种严重的罪恶。这种现象，形成渊源久远的社会公害。

对于以"笼街""喝道"宣示威权是否特别看重，在权力阶层中，其实也是因人各异的。宋人周紫芝诗句"何处笼街引旂旌，老翁高卧听鸡声"②"可笑只今春梦里，五更欹枕听笼街"③"客至未妨频叩户，人生何必要笼街"④表露了对

---

① 〔宋〕苏颂：《苏魏公文集》卷七《和丁御史出郊雩祀夕雨初霁》，中华书局2004年版，第73页。
② 〔宋〕周紫芝：《太仓稊米集》卷三八《再酬得臣》。
③ 〔宋〕周紫芝：《太仓稊米集》卷二八《晓枕不寐书所感三首》。
④ 〔宋〕周紫芝：《太仓稊米集》卷一九《次韵静翁雪中见过三首》。

"笼街"这种作威作福形式的不满。

我们又看到，同样是从宰相职位上退下来的王安石和陈升之，对于炫耀声威的交通条件占有方式，态度是截然不同的。宋人王铚《默记》卷中写道："陈秀公罢相，以镇江军节度使判扬州。其先茔在润州，而镇江即本镇也。每岁十月旦、寒食，诏许两往镇江展省。两州送迎，旌旗舳舰，官吏锦绣相属乎道，今古一时之盛也。是时，王荆公居蒋山，骑驴出入。会荆公病愈，秀公请于朝许带人从往省荆公，诏许之。舟楫衔尾，蔽江而下，街告而于舟中喝道不绝，人皆叹之。荆公闻其来，以二人肩鼠尾轿，迎于江上。秀公鼓旗舰舳正喝道，荆公忽于芦苇间驻车以俟。秀公令就岸，大船回旋久之，乃能泊而相见。秀公大惭。其归也，令罢舟中喝道。"

以"笼街""喝道"等形式表现的侵夺"公行之所"的恶劣情形，在帝制时代的后期似乎已经逐渐有所收敛。清人王士禛《香祖笔记》卷一一记述当时的制度："京朝官三品已上，在京乘四人肩舆，舆前藤棍双引喝道。四品自金都御史已下，止乘二人肩舆，单引不喝道。宋人喝道，皆云'某官来'，以便行人回避。明代阁臣入直，呵殿至闻禁中。今则棋盘街左右即止，凡八座皆然。行人亦无回避者矣。今京官四品如国子监祭酒、詹事府少詹、都察院金都御史，骑马则许开棍喝道，肩舆则否。""凡巡抚入京陛见，多乘二人肩舆，亦不开棍喝引。"不过，如果说中国社会表现在相关交通制度方面的进步确实有所表现，这种演进的速度也显得过于缓慢，这种演进的历程也显得过于漫长。甚至直到今天，社会生活现实中，我们依然可以看到一些现代"俗吏"对"行李自大"和"道路相高"的迷恋。

4."贱避贵"法规

实际上，在帝制时代，不仅是皇帝，社会上层不同等级的权力者都对公有道路有占有的欲望。在交通实践中，这种占有权的制度化，有维护"贱避贵"原则的法规予以强力保障。

宋王朝曾经正式规定将"贱避贵，少避长，轻避重，去避来"的交通法规条文公布于交通要害之处，以便全面推行。《宋史》卷二七六《孔承恭传》记载："承恭少疏纵，及长能折节自励。尝上疏请令州县长吏询访耆老，求知民间疾苦，吏治得失。及举令文：'贱避贵，少避长，轻避重，去避来。'请诏京兆并诸州于要害处设木牌刻其字，违者论如律。上皆为行之。"据《续资治通鉴长编》卷二四的记录，孔承恭建议公布的"令文"，正是《仪制令》："承恭又言：《仪制令》有云'贱避贵，少避长，轻避重，去避来'，望令两京诸道各于要害处设木刻其字，违者论如律，庶可兴礼让而厚风俗。甲申诏行其言。"所谓"违者论如律"，体现这一规定的法律效力。

看来，《宋史》所谓"举令文"，未可理解为孔承恭始制《仪制令》。他建议的，应当只是在交通要害地方公布这一法令。

　　《山西通志》卷五八《古迹一·襄垣县》"义令石"条写道："县郝村之北，道隘，有义令立石，大书'轻避重，少避老，贱避贵，来避去'四言，今存。"我们今天仍然可以看到的记录这一法令的实物，有陕西略阳灵隐寺宋代《仪制令》石碑。碑高 0.6 米，宽 0.4 米，中刻"仪制令"三字，其下刻"贱避贵，少避长，轻避重，去避来"。款识"淳熙辛丑邑令王立石"。这应当是迄今所见年代最早的公布交通法规的文物遗存了。[①]陕西略阳《仪制令》石碑年代为南宋孝宗淳熙八年（1181）。福建松溪也发现《仪制令》石碑，年代为南宋宁宗开禧元年（1205）。一件发现于渭田镇竹贤村，高 1.5 米，宽 0.6 米。碑文楷书："松溪县永里廿一都地名东领村，东至本县七十里，西至浦城界二五里。贱避贵，少避老，轻避重，去避来。开禧元年八月一日羲役长陈俊、功郎县尉林高立。"另一件发现于旧县乡河边码头，碑高 1.34 米，宽 0.54 米，厚 0.15 米。碑文五行，中刻"松溪县钣伏里十三都，地名故县"，两边刻："贱避贵，少避长，轻避重，去避来"，"东趣马大仙殿五里，西趣麻布岭后五里"，落款是"开禧元年四月望日，保正魏安迪、功郎县尉林高立"。[②]"邑令"和"县尉"立碑，可知是政府行为。虽然福建发现的《仪制令》石碑包括指示

---

① 参见张在明主编：《中国文物地图集·陕西分册》，西安地图出版社 1998 年版，第 324—325、1057 页。

② 郑国珍主编：《中国文物地图集·福建分册》，福建省地图出版社 2007 年版，第 262—263、645 页。

里程方向的内容，但是宣传的主题依然是"贱避贵，少避长，轻避重，去避来"。"贱避贵"，是首要的要求。

《仪制令》其中所谓"贱避贵"，强调卑贱者应当避让尊贵者，通过公共交通条件的使用权利的差别，鲜明地体现了古代交通管理的等级制度。

也有人以为，《仪制令》是孔承恭建议制定的。宋人江少虞撰《事实类苑》卷二一"榜刻仪制令四条"，其一据《杨文公谈苑》说："孔弧次恭为大理正。太平兴国中，上言《仪制令》云：'贱避贵，少避长，轻避重，去避来。'望令两京诸州于要害处刻榜以揭之，所以兴礼让而厚风俗。诏从之，令于通衢四刻榜记，今多有焉。"其二又据《玉壶清话》："孔承恭上言《仪制令》四条件，乞置木牌，立于邮堠。"又记录了宋太宗与孔承恭就《仪制令》内容的对话："一日，太宗问承恭曰：'《令》文中贵贱、少长、轻重，各自相避并记，何必又云去避来？此义安在？'承恭曰：'此必恭戒于去来者，至相回避耳。'上曰：'不然。借使去来相避，止是憧憧，于通衢之人密如交蚁，焉能一一必相避哉？但恐设律者别有他意。'其精悉若是。"从宋太宗时代有关交通法规的御前讨论看，事实当如《玉壶清话》所说，孔承恭其实并不是《仪制令》的"设律者"。

通过法律文献记录可以知道，实际上，早在唐代，这样的制度已经明确见于"令文"。

《唐律疏议》卷二七《杂律》"违令式"规定"诸违令者笞五十……"注文："谓令有禁制而律无罪名者。"疏议曰：

"'令有禁制'，谓《仪制令》'行路，贱避贵，去避来'之类。"刘俊文《唐律疏议笺解》指出："按此令已佚，《大唐开元礼》卷三《序例杂制》载有类似之内容，疑即令文。文云：'凡行路巷街，贱避贵，少避老，轻避重，去避来。'"①

"贱避贵"的交通规则，其实有十分久远的渊源。人们熟知的"将相和"的故事中，有蔺相如行路避让廉颇的情节。《史记》卷八一《廉颇蔺相如列传》记载："既罢归国，以相如功大，拜为上卿，位在廉颇之右。廉颇曰：'我为赵将，有攻城野战之大功，而蔺相如徒以口舌为劳，而位居我上，且相如素贱人，吾羞，不忍为之下。'宣言曰：'我见相如，必辱之。'相如闻，不肯与会。相如每朝时，常称病，不欲与廉颇争列。已而相如出，望见廉颇，相如引车避匿。"这一故事，有人称之为"廉蔺门易轨"。②这样的表现，与蔺相如"位在廉颇之右"的地位不相符合，所以身边舍人自羞请辞。③按照常规，原本应当廉颇避让蔺相如。这样的制度甚至表现在水路交通活动中。《三国志》卷五七《吴书·虞翻传》写道："（虞）翻尝乘船行，与麋芳相逢，芳船上人多欲令翻

---

① 刘俊文笺解：《唐律疏议笺解》下册，中华书局1996年版，第1944页。

② 〔晋〕曹摅：《感旧》诗："廉蔺门易轨"。〔清〕何焯：《义门读书记》卷四七《文选·诗》"曹颜远《感旧》诗'廉蔺门易轨'"条："注引《史记》曰'蔺相如出望见廉颇，相如引车避匿'云云，按因廉公客去之事，并蔺牵连及之，不用相避事也。"

③ 参见《史记》卷八一《廉颇蔺相如列传》："……于是舍人相与谏曰：'臣所以去亲戚而事君者，徒慕君之高义也。今君与廉颇同列，廉君宣恶言而君畏匿之，恐惧殊甚，且庸人尚羞之，况于将相乎！臣等不肖，请辞去。'"

自避，先驱曰：'避将军船！'翻厉声曰：'失忠与信，何以事君？倾人二城，而称将军，可乎？'芳阖户不应而遽避之。"看来，"先驱"呼"避将军船"是当时礼俗制度，应当类似前说王荆公、陈秀公故事所谓"舟中喝道"。虞翻坚意不自避，而最终迫使糜芳"遽避之"，是因为傲然蔑视对方人格，而糜芳亦内心羞愧的缘故。和蔺相如"引车避匿"同样，这是一种反常规的表现。

5. "执金吾清道""卒辟车"与"街卒"职任

前引郑司农《周礼》注所谓"今时卫士填街跸"，说明帝王出行时，"警跸"常常是由武装人员执行的。《汉官旧仪》卷上所谓"卫官填街，骑士塞路"，体现了"警跸"的形式。《续汉书·百官志四》："（执金吾）本有式道左右中候三人，六百石，车驾出，掌在前清道。""警跸"往往采取暴力手段。《周礼·秋官司寇·条狼氏》："执鞭以趋辟。"郑玄注："趋辟，趋而辟行人，若今卒辟车之为也。"张释之对汉文帝说："方其时，上使立诛之则已。"也体现了这一制度的严酷。《古今注》卷上说，这些"在前清道"的武士"皆持角弓，违者则射之"，负责"清道"的武装人员竟然可以随时随意决定"犯跸"者的生死。

《后汉书》卷八一《独行列传·范式》记述范式和他的朋友孔嵩的故事，说到孔嵩的"街卒"身份："（范式）举州茂才，四迁荆州刺史。友人南阳孔嵩，家贫亲老，乃变名姓，佣为新野县阿里街卒。式行部到新野，而县选嵩为导骑迎式。式见而识之，呼嵩，把臂谓曰：'子非孔仲山邪？'对之叹息，语及平生。曰：'昔与子俱曳长裾，游息帝学，吾蒙国恩，致位牧伯，而子怀道隐身，处于卒伍，不亦惜乎！'嵩曰：'侯嬴长守于贱业，晨门肆志于抱关。子欲居九夷，不患其陋。贫者士之宜，岂为鄙哉！'式敕县代嵩，嵩以为先佣未竟，不肯去。"①"阿里街卒"，李贤注："阿里，里名也。"关于"县选嵩为导骑迎式"，李贤解释说："导引之骑。"可知有仪仗意义。但是这种"导引"，其实也是一种交通管理的方式。

理解"街卒"负责"街"的治安与交通管理的情形，可以借助后世若干资料作为参考。如《异苑》卷八可以看到这样的神异故事："元嘉初，建康大夏营寡妇严，有人称华督与严结好。街卒夜见一丈夫行造护军府。府在建阳门内。街卒呵问，答曰：我华督造府。径沿西墙而入。街卒以其犯夜，邀击之，乃变为鼍。察其所出入处，甚莹滑，通府中池。池先有鼍窟，岁久因能为魅。杀之乃绝。"②可知"街卒"负责

---

① 《太平御览》卷四八四引华峤《后汉书》的说法与《后汉书》卷八一《独行列传·范式》略有不同。
② 《太平广记》卷四六八"寡妇严"条："建康大夏营寡妇严，宋元嘉初，有人称华督与严结好。街卒夜见一丈夫行造护军府。府在建阳门内。街卒呵问，答云：'我华督还府。'径沿西墙欲入。街卒以其犯夜，邀击之，乃变为鼍。察其所出入处，甚莹滑，通府中池。池先有鼍窟，岁久因能为魅。杀之遂绝。出《异苑》。"

对"犯夜"者的纠察，有权力"呵问"甚至"邀击"。纠止夜间行走，汉史中是可以看到相关例证的。《艺文类聚》卷四九引《汉官解诂》说卫尉职责："从昏至晨，分部行夜，夜有行者，辄前曰：'谁！谁！'若此不解①，终岁更始，所以重慎宿卫也。"可知汉代都市有专职查禁夜行的武装人员。赵王刘彭祖"常夜从走卒行徼邯郸中"②，有可能也是纠察违禁夜行者。曹操任洛阳北部尉"有犯禁者，不避豪强，皆棒杀之""灵帝爱幸小黄门蹇硕叔父夜行，即杀之"③，是为以极端手段执行这一禁令的罕见特例。④

甘谷汉简如下简文涉及"街"的治安，可以在我们讨论"街卒"职任时引为参考：

> 广陵令解登、巨鹿鄅守长张建、广宗长□、□、福登
> 令丞曹掾许敦、门下吏肜石、游徼龙进、
>
> 侯马徐、沙福亭长樊赦等，令宗室刘江、刘瑜、刘树、
> 刘举等，著赤帻为伍长，守街治滞。谥（正文）
> 第十（背文）⑤

① 《太平御览》卷二三〇引作"若此不懈"。
② 《汉书》卷五三《景十三王传·赵敬肃王刘彭祖》，中华书局1962年版，第2420页。
③ 《三国志》卷一《魏书·武帝纪》裴松之注引《曹瞒传》。
④ 参见王子今：《秦汉都市交通考论》，《文史》第42辑，中华书局1997年版；王子今：《西汉长安的交通管理》，《西安古代交通志》，陕西人民出版社1997年版；王子今：《秦汉"夜行"考议》，《纪念林剑鸣教授史学论文集》，中国社会科学出版社2002年版。
⑤ 张学正：《甘谷汉简考释》，《汉简研究文集》，甘肃人民出版社1984年版，第90页。

研究者指出："根据同墓共存的灰陶罐上朱书文字，有'刘氏之泉''刘氏之家'，乃知埋于东汉晚期的刘姓墓地。"我们看到，对甘谷汉简进行初步研究的成果中，"考释"部分的释文，与"释文"部分略有不同。甚至格式亦有异。正面文字作：

广陵令解登巨鹿守长张建广宗长□□福登令丞曹掾许敦门下吏肜石游徼龙进医马沙福亭长樊赦等令宗室刘江刘瑜刘树刘举等著赤帻为伍长守街治滞谧①

有研究者解释：

"刘江""刘瑜""刘树""刘举"等四人名，都是宗室族属。"赤帻"，一种红色的头巾，卑贱执事者，皆著赤帻。②"伍长"，主伍家之长，是为汉时治民的"什伍"组织，互相进行检察。③"滞"者，《说文》曰："滞，凝也"，含有阻止之意。

以"阻止"解释这里"滞"的字义，似有不妥。而《散见简牍合辑》的释文又有所不同：

---

① 张学正：《甘谷汉简考释》，《汉简研究文集》，甘肃人民出版社1984年版，第106—108页。
② 原注："《后汉书·光武帝纪》注引蔡邕《独断》云：帻，古者卑贱执事不冠者之所服也。董仲舒《上雨书》曰：'执事者皆赤帻'。"
③ 原注："《后汉书·百官志》：'民有什伍'，'什主十家，伍主五家，以相检察'。"

　　☑广陵令解登巨鹿酇守长张建广宗长□□福登令曹掾
许敦门下吏彤石游徽龙进☑

　　兵马徐沙福亭长樊赦□令宗室刘江刘俞刘树刘举等著
赤帻为伍长守街治滞□□☑（正面）

　　第十（背面）（34）①

　　不过，释文虽然有不同的意见，但是对"令宗室刘江刘俞刘
树刘举等著赤帻为伍长守街治滞"的释读，判断都是大体一
致的。②

　　所谓"著赤帻为伍长守街治滞"中"著赤帻"的意义值
得重视。阳陵从葬坑出土陶质士兵俑有额上束红色带状织物
的实例。发掘者曾经解释为"陌额"："有一圈颜色鲜亮的朱
红色绕过前额，两鬓和后脑勺，宽仅2厘米。在颜色上有经纬
编织纹的痕迹，显然是丝织品腐朽后留下的残色所染。此物
就是用作束敛头发的'陌额'。"③这种特殊装束形式，其实很
可能就是所谓"著赤帻"。"著赤帻"者并非兵俑普遍装束，
暗示其身份有特殊性，或许与甘谷汉简所谓"著赤帻为伍长"
者有接近处。徐州狮子山汉墓出土汉代兵俑头部也发现类似

---

① 李均明、何双全编：《散见简牍合辑》，文物出版社1990年版，第6页。
② 参见王子今：《汉代"街卒"与都市交通秩序》，《古代文明》2012年第4期。
③ 王学理：《阳陵汉俑——陶塑美的旋律》，陕西省考古研究所汉陵考古队
编：《中国汉阳陵彩俑》，陕西旅游出版社1992年版，第8页。

红色痕迹，应当也表现了同样的装饰样式。①这种装束的士兵在军阵中的数量比例，或许可以与阳陵从葬坑进行比较。很可能所表现的军人身份是相近的。咸阳杨家湾汉墓出土步兵俑的头饰，也有突出的红色束带状形式。②由于发掘简报没有相关记述③，我们不清楚这种装束的士兵在俑阵中的数量和位置。当然也不排除这种可能，即此类士兵有接近"伍长"的身份。

《续汉书·礼仪志下》陈述"大丧"制度："校尉三百人，皆赤帻不冠，绛科单衣，持幢幡。候司马丞为行首，皆衔枚。"④说服务于"大丧"之礼的军官编队以"赤帻"为标识。《续汉书·百官志五》："鼓吏赤帻行滕，带剑佩刀，持楯被甲，设矛戟，习射。"也说"赤帻"是特殊武装人员的标志性装束。《续汉书·舆服志上》："铃下、侍阁、门兰、部署、街里走卒，皆有程品，多少随所典领。驿马三十里一置，卒皆赤帻绛韝云。"这里说到"街里走卒"即李贤所谓"伍伯之类

---

① 参见徐州汉文化风景园林管理处、徐州楚王陵汉兵马俑博物馆编：《狮子山楚王陵》，南京出版社2011年版。
② 参见陕西省咸阳市文物局编：《咸阳文物精华》，文物出版社2002年版，第71—73、79页。
③ 参见陕西省文管会、博物馆、咸阳市博物馆杨家湾汉墓发掘小组：《咸阳杨家湾汉墓发掘简报》，《文物》1977年第10期。
④ 《后汉书》卷九《献帝纪》李贤注引《续汉书》言天子葬仪，参与者包括"校尉三人，皆赤帻，不冠，持幢幡，皆衔枚"。

也"著"赤帻"①，与甘谷汉简提供的信息是一致的。②

据《续汉书·舆服志下》记述，"帻"的使用，不同历史时期有所变化。其中说道："三代之世，法制滋彰，下至战国，文武并用。秦雄诸侯，乃加其武将首饰为绛袙，以表贵贱。"又说："武吏常赤帻，成其威也。"③"赤帻"有突出显示"武""威"的作用，而规定"街卒"作为具有制服意义的冠戴，说明这些执行交通管制任务的专职人员，是以暴烈手段武力执法的。④

在帝制时代，以"贱避贵"为原则的交通法规，通常是由武装人员执行，是以暴力方式维护的。我们考察中国古代的交通史和法制史，不能忽略这样的事实。

---

① 《后汉书》卷五八《虞诩传》："永平、章和中，州郡以走卒钱给贷贫人。"李贤注："走卒，伍伯之类也。《续汉志》曰：'伍伯，公八人，中二千石六人，千石、六百石皆四人，自四百石以下至二百石皆二人。黄绶。武官伍伯，文官辟车。铃下、侍阁、门兰、部署、街里走卒，皆有程品，多少随所典领，率皆赤帻绛鞴。'即今行鞭杖者也。此言钱者，令其出资钱，不役其身也。"

② 《后汉书》卷六三《杜乔传》记载，杜乔死狱中，"乔故掾陈留杨匡闻之，号泣星行到洛阳，乃著故赤帻，托为夏门亭吏，守卫尸丧，驱护蝇虫，积十二日，都官从事执之以闻。梁太后义而不罪。匡于是带鈇锧诣阙上书，并乞李、杜二公骸骨。太后许之。成礼殡殓，送乔丧还家，葬送行服，隐匿不仕"。说"亭吏""著""赤帻"，其身份和职任或许与"街卒"有类似处。

③ 《后汉书》卷三八《法雄传》："永初三年，海贼张伯路等三千余人，冠赤帻，服绛衣，自称'将军'，寇滨海九郡，杀二千石令长。"《后汉书》卷八六《南蛮传》："（安帝元初三年）零陵蛮羊孙、陈汤等千余人，著赤帻，称将军，烧官寺，抄掠百姓。"《三国志》卷四六《吴书·孙坚传》："坚移屯梁东，大为卓军所攻，坚与数十骑溃围而出。坚常著赤罽帻，乃脱帻令亲近将祖茂著之。卓骑争逐茂，故坚从间道得免。茂困迫，下马，以帻冠冢间烧柱，因伏草中。卓骑望见，围绕数重，定近觉是柱，乃去。"也都应看作武装人员使用"赤帻"的史例。

④ 参见王子今：《说甘谷汉简"著赤帻为伍长守街治滞"——以汉阳陵兵俑为对证》，《汉阳陵与汉文化研究》第2辑，三秦出版社2012年版。

汉与罗马：交通建设与帝国行政[*]

位于世界西方与东方的罗马帝国和汉帝国作为强大的政治实体，均以交通建设的成就，实现了行政效率的提升，维护了社会经济的进步，显示出军事实力的充备，形成了文化影响的扩张。从交通史视角进行比较，是深化如钱穆所谓"历史智识"非常必要的工作。

主要交通干线往往由国家营建，政府在规划、修筑、管理、养护诸多方面起主导作用。罗马帝国的商人比较汉帝国的商人曾经有较高的地位和较活跃的表现。但是在交通建设的主动性方面，同样落后于行政力量。较高等级的道路、驿馆、车辆、船舶均优先为政治军事提供服务。海上交通方面，罗马帝国有较优越的传统、较先进的条件，社会普遍对海上航行予以更多的重视。但是汉帝国统治时期在整个中国古代

* 本文初刊于《武汉大学学报（哲学社会科学版）》，2018年第6期。

史进程中，海上航运开发居于明显领先的地位。海盗在罗马帝国与汉帝国均曾活跃。打击海盗的行动均由政府组织。注意交通条件首先作为行政基础，其次才促进经济运行的情形，有益于理解古罗马与汉代中国的历史真实。进行汉与罗马交通史及行政史的相互作用的比较，还需要做进一步的工作。从交通史视角进行罗马帝国与汉帝国历史比较研究，是有重要意义的学术主题。这方面工作的深入，期待考古事业的新收获。

1. 交通基本建设的国家行政主导

罗马帝国的成就，体现为"将纷繁复杂的地中海地区和欧洲北部大部分地区同化为单一的政治、行政体系"[①]。为了维护这一体系的运行，必须建设交通条件以为保障。罗马道路"直接将相隔遥远的不同地区连接在一起，其发达程度在近代以前无可匹敌"。"在对不列颠境内罗马时代道路进行航空俯瞰的时候，观察者经常会注意到一种鲜明的对比，一边是罗马人笔直的、功能一目了然的大道，专供长途运输使用；另一边是把它们联系起来的，建于中世纪和近代早期英格兰的乡间小路和田地边界（它们反映了总体上更具地方性特色

[①] 〔英〕约翰·博德曼等编：《牛津古罗马史》，郭小凌等译，北京师范大学出版社2015年版，第423页。

的经济体之间的界限)。"①修建于秦代、汉代依然在使用的自九原（今内蒙古包头）直抵甘泉（在今陕西淳化）的秦直道，同样也是"笔直的、功能一目了然的大道"。②

　　蒙森《罗马史》第四卷《革命》写道：在这一时期初叶，道路建设有非常大的规模，"公共建筑的经营规模极大，特别是造路，没有像这时期这样努力的。在意大利，南行大道可能源于前代，这条道是亚庇路的延长线，由罗马经卡普亚、贝内文托和维努西亚而到塔兰托和布隆迪西乌姆两港，属于此路的有 622 年即前 132 年③执政官普布利乌斯·波皮利乌斯（Pubulius Popillius）所造自卡普亚至西西里海峡的支线"。"埃特鲁里亚的两条大道"之一即"卡西乌斯路经苏特里乌姆（Sutrium）和克卢西乌姆（Clusium）通到阿雷提乌姆和罗马伦提亚，此路的建筑似不在 583 年即前 171 年之前——大约在这时候才被认为罗马的公路。"④而在中国秦汉时代，结成沟通全国的交通网的驰道，规模宏大，然而因使用等级的限定，

---

① 〔英〕约翰·博德曼等编：《牛津古罗马史》，郭小凌等译，北京师范大学出版社 2015 年版，第 427 页。
② 史念海：《秦始皇直道遗迹的探索》，《陕西师范大学学报》1975 年第 3 期。（另见《文物》1975 年第 10 期，收入《河山集》四集，陕西师范大学出版社 1991 年版。）
③ 此处为罗马纪年与公元纪年，下同，不再一一作注。
④ 〔德〕特奥多尔·蒙森：《罗马史》第三册，李稼年译，商务印书馆 2017 年版，第 394—395 页。

严格说来，是不可以称作公路的。①古罗马"在各省建造帝国大道"，据说始于盖乌斯·拉格古。"长期经营之后，多米提亚路成为自意大利至西班牙的一条安全陆路"，"伽比路和埃纳提路自亚得里亚沿岸要地……通到内地"。"625年即前129年设立亚细亚省，曼尼乌斯·阿奎利乌斯（Manins Aquillius）即刻修大路网，由省会埃菲苏取种种方向通至帝国边界。此等工程的起源不见于本期残缺的记载，可是它们必与本期高卢、达尔马提亚和马其顿的战事有关，对于国家的中央集权和蛮夷区域被征服后的进入文明，必有极重大的关系。"②秦始皇建设的驰道和直道，在汉代仍然得以维护使用，当然也与国家的中央集权有极重大的关系。汉代帝王也同样将交通建设看作治国的重要条件，表现出最高执政集团对交通建设的特殊重视。主要交通干线的规划、施工和管理，往往由朝

---

① 《史记·秦始皇本纪》记载：秦始皇二十七年（公元前220年）"治驰道"。中华书局1959年版，第241页。驰道的修筑，是秦汉交通建设事业中最具时代特色的成就。通过秦始皇和秦二世出巡的路线，可以知道驰道当时已经结成全国陆路交通网的基本网络。曾经作为秦中央政权主要决策者之一的左丞相李斯被赵高拘执，在狱中上书自陈，历数功绩有七项，其中包括"治驰道，兴游观，以见主之得意"。《史记·李斯列传》，第2561页。可见修治驰道是统治短暂的秦王朝行政活动的主要内容之一。然而云梦龙岗秦简可见禁行"驰道中"的法令。西汉依然推行这样的制度，《汉书·江充传》颜师古注引如淳曰："《令乙》：骑乘车马行驰道中，已论者没入车马被具。"中华书局1962年版，第2178页。未经特许，驰道甚至不允许穿行。汉成帝为太子时，元帝急召，他以太子身份，仍"不敢绝驰道"，绕行至直城门，"得绝乃度"。此后元帝"乃著令，令太子得绝驰道云"。《汉书·成帝纪》，第301页。
② 〔德〕特奥多尔·蒙森：《罗马史》第三册，李稼年译，商务印书馆2017年版，第395—396页。

廷决策。汉武帝元光五年（前130）"发巴蜀治南夷道，又发卒万人治雁门阻险"，元封四年（前107）"通回中道"等事，都录入《汉书》帝纪。据《史记·河渠书》，作褒斜道，通漕渠，也由汉武帝亲自决策动工。据《汉书·王莽传上》记载，汉平帝元始五年（5），王莽"以皇后有子孙瑞，通子午道"①也是典型的史例。汉武帝"通西南夷道"及打通西域道路，就发起者的主观动机而言，也与"蛮夷区域被征服后的进入文明""有极重大的关系"。②

关于盖乌斯·拉格古"致力于改进意大利的道路"的另一方式，有学者说，"分田时，他指定受路旁田地的人有世世修理道路的义务，因此使乡间大道得有相当的修治"。"他规定田间须有好路，以便振兴农业。""立里程碑和以正式界碑表示地界等习惯，似乎都由他而来，至少由分田部门而来。"③有学者认为，这确实是曾经普遍推行的制度。在罗马帝国的行政格局之中，"这些道路一旦修建起来，保养工作立刻便成为它们途经地段的当地居民的义务，他们自然也要承担建设沿途支路、驿站和桥梁的劳动"④。汉帝国的情形也是

---

① 《汉书·王莽传上》，中华书局1962年版，第4076页。
② 王子今：《秦汉交通史稿》（增订版），中国人民大学出版社2013年版，第24—38、292—298页。
③ 〔德〕特奥多尔·蒙森：《罗马史》第三册，李稼年译，商务印书馆2017年版，第395页。
④ 〔英〕约翰·博德曼等编：《牛津古罗马史》，郭小凌等译，北京师范大学出版社2015年版，第427页。

如此。秦律已经有田间道路养护责任的规定。汉代法令也有相关内容。从汉代买地券的内容看，地界往往以道路划分。汉代地方行政区划有界碑发现，应当都树立于交通道路旁侧。而"里程碑"的使用，没有文物发现以为证明。河西汉简资料可见道路里程的记录；较长路段的里程，则有《汉书·西域传》"去长安"若干里等记载。

古罗马驿递系统是最高执政者创立的。据说，"奥古斯都创立了公差（国家运输或帝国邮政），即一种当政官员使用的驿递系统：它是使用军用道路传递信息的一种手段，被用来递送军事和政府公文以及法律方面的重要信息……还用来运送国有的辎重和军事给养，满足军粮（annona militaris）供给也是公差的职责。"驿道沿途有驿站。"主干道沿线每隔一段距离修建驿站（mansions），有些以城镇为基地。"①这种驿递系统有较高的效率，管理方式也比较严格。"起初，公差的信使为赛跑者，但很快便被沿途驻扎的牲畜和车辆所取代。"

在古罗马，"骡子和驴用作驮物的役力，它们比马更有耐力，更稳健"。"重物可以直接绑在牲畜的背上，或放在牲畜的鞍上或驮篮里，鞍由覆有皮革或布的木架组成，而驮篮通常是质地较软的篮筐。与轮车相比，驴队或骡队的使用更为广泛。在东部行省则用骆驼驮物。""驮物的牲畜可以穿过不

---

① 〔英〕莱斯莉·阿德金斯、〔英〕罗伊·阿德金斯：《古代罗马社会生活》，张楠、王悦、范秀琳译，商务印书馆2016年版，第239页。

适合车辆通行的路况最差的小路。它们在城镇中用于运输建筑材料以及从河流和运河运来的货物。它们成为拖运军事辎重的重要运输手段，每个军团都需要1000匹骡或矮种马。"[①]

汉王朝的运输组织使用驴骡和骆驼年代稍晚，《盐铁论·力耕》说，河西丝路开通之后，"羸驴馲驼，衔尾入塞，驒騱騵马，尽为我畜"[②]。驮运也是重要的运输方式，特别是在山路即同样不适合车辆通行的路况最差的小路。远征军团大规模的辎重队伍，也见于史籍。汉王朝由国家经营苑马，即建设多处大规模的国营马场以提供交通动力的情形，似乎古罗马未曾出现。

2.交通系统的服务主体

罗马史学者指出："罗马元首派出使团，让他们沿着帝国境内的驿路，穿越风平浪静的海面前往四面八方。他可以放心，无论使臣们途经何等多样的文化区和语言区，负责接待的人们必然能够接到并领会他们传达的旨意。反之（或许有过之而无不及），行省的行政机构也可以向罗马政府派遣使

---

① 〔英〕莱斯莉·阿德金斯、〔英〕罗伊·阿德金斯：《古代罗马社会生活》，张楠、王悦、范秀琳译，商务印书馆2016年版，第239—240页。
② 〔汉〕桓宽著，王利器校注：《盐铁论校注》，中华书局1992年版，第28页。

节，并且确信（在凡人意志、能力的正常范围内和允许出现极个别意外的情况下），这些使者将安然抵达目的地；同时也明白，通过由希腊—罗马文化建立，由知识精英们维系着的交流模式，统治者可以理解他们的吁请。这种由显要公民代表其居住地区进行的出使行为是罗马社会最显而易见的市政功能之一。"①

古罗马奥古斯都时代的所谓公差（国家运输或帝国邮政）是"一种当政官员使用的驿递系统"，"出公差的旅行者（主要是军队人员）持有一份特许文书（diploma），他们可在驿站休息并更换牲畜"。②汉王朝的情形与此相同。据说，"从君士坦丁一世开始，公差被神职人员广为利用"③。汉武帝时代方士同样曾经得以享用最高等级的交通工具，据《史记·封禅书》记载，"予方士传车及间使求仙人以千数"④。

古罗马公民有权利利用国家的交通体系。有学者指出，"圣保罗在旅途中充分利用了其作为罗马公民的体面社会地位"⑤。

---

① 〔英〕约翰·博德曼等编：《牛津古罗马史》，郭小凌等译，北京师范大学出版社2015年版，第427—428页。
② 参见〔英〕莱斯莉·阿德金斯、〔英〕罗伊·阿德金斯：《古代罗马社会生活》，张楠、王悦、范秀琳译，商务印书馆2016年版，第239页。
③ 〔英〕莱斯莉·阿德金斯、〔英〕罗伊·阿德金斯：《古代罗马社会生活》，张楠、王悦、范秀琳译，商务印书馆2016年版，第239页。
④ 《史记·封禅书》，中华书局1959年版，第1397页。
⑤ 〔英〕约翰·博德曼等编：《牛津古罗马史》，郭小凌等译，北京师范大学出版社2015年版，第423页。

3.陆路交通的技术形式

古罗马驿递系统的效率相当高。"信使每天平均行程75公里（46英里），但最快速度可达200公里（124英里）。"①古罗马的驿递系统采用不同的动力方式，"最初，公差的信使为赛跑者，但很快便被沿途驻扎的牲畜和车辆所取代，由它们把信使从起点送到行程终点"②。

古罗马驿递系统的车辆，"轮子的类型各异"。"原始的实心轮继续使用……但有辐条的轮子却更普遍。"③古罗马"轮车的设计从凯尔特人那里引进"，"在艺术形式中出现的客车比商用车更常见。上层结构轻巧灵活，有时用柳条制品制成。由于不使用悬架装置，旅行一定很不舒服"④。汉代迎送高等级知识分子的车辆用蒲草减震，称作蒲轮。据《史记·平津

---

① 〔英〕莱斯莉·阿德金斯、〔英〕罗伊·阿德金斯：《古代罗马社会生活》，张楠、王悦、范秀琳译，商务印书馆2016年版，第239页。
② 〔英〕莱斯莉·阿德金斯、〔英〕罗伊·阿德金斯：《古代罗马社会生活》，张楠、王悦、范秀琳译，商务印书馆2016年版，第239页。
③ 汉代的独轮车起初也是使用这种车轮。《盐铁论·散不足》："古者椎车无柔"。或以为"柔"同"鞣"。张敦仁《盐铁论考证》说，"椎车者，但斲一木使外圆，以为车轮，不用三材也。"萧统《文选序》也说："椎轮为大辂之始。"西汉的早期独轮车，车轮制作可能和这种原始车轮相近，即直接截取原木并不进行认真加工，轮体有一定厚度，正便于推行时操纵保持平衡。由于车轮浑整厚重酷似辘轳，因而得名辘车。参见王子今：《秦汉交通史稿》（增订版），中国人民大学出版社2013年版，第117—118页。
④ 〔英〕莱斯莉·阿德金斯、〔英〕罗伊·阿德金斯：《古代罗马社会生活》，张楠、王悦、范秀琳译，商务印书馆2016年版，第241页。

侯主父列传》记载，汉武帝"始以蒲轮迎枚生"①。

古罗马用于交通运输的"大多数马科动物没有马蹄铁，但对此难以获得精确的信息。道路两旁的小道会比坚硬的路面更适合动物行走。有关马蹄铁的证据多源于凯尔特人和不列颠地区（因为马蹄在潮湿的天气里变得非常软，会很快破裂）"。有考古发现证明，"凯尔特人在罗马时代之前已有马蹄铁，罗马境内也曾发现一些马蹄铁，但公元5世纪才普及开来。马蹄铁有波浪形或平滑的边缘，上面打孔。马匹也可以穿上轻便的鞋子：草鞋（solea spartca）用坚韧的织草或其他合适的材料制成，铁头鞋（colea ferrae）是带铁底的铁（偶尔也有皮革的）掌，用绳线或皮绳固定在马蹄上。这些鞋子是兽医用来保护因没有钉掌而疼痛的马蹄或固定敷料而准备的用具"②。汉王朝用于交通动力的马匹使用蹄铁的例证还没有发现。但是有的学者认为《盐铁论·散不足》："今富者连车列骑，骖贰辎軿。中者微舆短毂，繁髦掌蹄"之所谓"掌蹄"，体现了保护马蹄的方式。王利器校注引孙人和曰："'掌'读为'跾'，《说文》：'跾，距也。'跾蹄，以物饰其蹄也。"王利器说："'跾蹄'，今犹有此语，就是拿铁跾钉在马蹄上来保护它。走马之跾蹄，正如斗鸡之距爪一样。"③

---

① 《史记·平津侯主父列传》，中华书局1959年版，第2964页。
② 〔英〕莱斯莉·阿德金斯、〔英〕罗伊·阿德金斯：《古代罗马社会生活》，张楠、王悦、范秀琳译，商务印书馆2016年版，第240页。
③ 〔汉〕桓宽著，王利器校注：《盐铁论校注》，中华书局1992年版，第368页。

《盐铁论》所谓"掌蹄"，有人直接解释为"马蹄钉铁掌"。如《汉语大词典》就是这样对"掌蹄"进行说明的："【掌蹄】钉铁掌于马蹄。汉桓宽《盐铁论·散不足》：'今富者连车列骑，骖貳辎軿。中者微舆短毂，烦尾掌蹄。夫一马伏枥，当中家六口之食，亡丁男一人之事。'"①这样的认识，现在看来还需要提供更有说服力的证明。②

古罗马，"至少在意大利，大规模的排水工程与修路工程同时并进"。"645年即前109年，与建筑北意大利的大路同时并进，完成帕尔玛与普拉森提亚间低地的泄水工程。"③汉武帝时代开通的漕渠，是一方面"径，易漕"，另一方面"又可得以溉田……而益肥关中之地，得谷"，于便利交通与发展水利两个方面同时取得经济效应的工程。④古罗马帝国"政府大修罗马城的水道，这对于首都的卫生和安适绝不可少，而且

---

① 汉语大词典编纂委员会、汉语大词典编纂处：《汉语大词典》，汉语大词典出版社1990年版，第633页。

② 参见王子今：《〈盐铁论〉"掌蹄""革鞮"推考》，《朱绍侯九十华诞纪念文集》，河南大学出版社2015年版。

③〔德〕特奥多尔·蒙森：《罗马史》第三册，李稼年译，商务印书馆2017年版，第396页。

④《史记·河渠书》："是时郑当时为大农，言曰：'异时关东漕粟从渭中上，度六月而罢，而漕水道九百余里，时有难处。引渭穿渠起长安，并南山下，至河三百余里，径，易漕，度可令三月罢；而渠下民田万余顷，又可得以溉田：此损漕省卒，而益肥关中之地，得谷。'天子以为然，令齐人水工徐伯表，悉发卒数万人穿漕渠，三岁而通。通，以漕，大便利。其后漕稍多，而渠下之民颇得以溉田矣。"中华书局1959年版，第1410页。

费用很大"①，汉长安城的排水系统与交通设施相结合，城中
大道两侧的排水沟是明沟，而与宫廷道路相关的排水设施等
级更高。②

作为重要工程，古罗马"水道"的建设保留了引人瞩目
的宏大遗存。"自442年即前312年和492年即前262年即已存
在的两条水道——一条是阿庇安水道，一条是阿尼奥水
道——又在610年即前144年彻底重修，而且造了两条新水
道。610年即前144年造马尔库斯水道，水质甚好，水量丰富，
以后无以复加；十九年以后，又造所谓喀里达（Calida）水
道。"③古罗马"水道"工程并非交通建设事业，但是修造效
率必然与交通条件有关。而秦代作为水利工程的"水道"，有
李冰"穿郫江、检江，别支流双过郡下，以行舟船。岷山多
梓、柏、大竹，颓随水流，坐致材木，功省用饶。"沫水"水
脉漂疾，破害舟船，历代患之"，李冰于是"发卒凿平溷崖，
通正水道"。④

① 〔德〕特奥多尔·蒙森：《罗马史》第三册，李稼年译，商务印书馆2017年
版，第396页。
② 参见王仲殊：《汉长安城考古的初步收获》，《考古通讯》1957年第5期；
王仲殊：《汉长安城考古工作收获续记》，《考古通讯》1958年第4期。
③ 〔德〕特奥多尔·蒙森：《罗马史》第三册，李稼年译，商务印书馆2017年
版，第396页。
④ 〔晋〕常璩撰，任乃强校注：《华阳国志校补图注》，上海古籍出版社1987
年版，第133页。

4. 交通与商业

对于古罗马是否持续坚持"罗马商业霸权主义"，"表现出商业扩张主义精神"，对于"罗马对外政策的发展演变过程中""罗马商业与资本利益所扮演的重要角色"，由于问题复杂①，难以作出明朗的判断。有的学者指出，282年，"罗马的船队第一次访问意大利东南部的海面"，罗马建造"巨大的军用舰队"时代稍晚，"如果罗马是一个商业强国的话，这些事实怎么可能呢？"②古罗马国家设置的驿递系统服务于军事、政治。也有民间类似的交通设置。"除了属于公差（cursus）的驿站以外，还有一系列私人经营的客栈为市民提供食宿。"③

有学者指出，罗马人修建的道路"最初是军用的，但自然地很快地被转作经济用途"④，民间社会经济生活利用国家道路，确实是很"自然"的事。汉王朝也有这样的情形。据《后汉书·乌桓传》记载，在交通条件未必最为优越的北边道上，乌桓入侵云中，一次即"遮截道上商贾车牛千余两"，也

① 参见〔美〕腾尼·弗兰克：《罗马帝国主义》，宫秀华译，上海三联书店2012年版，第270—286页。

② 〔俄〕科瓦略夫：《古代罗马史》，上海书店出版社2007年版，第190页。

③ 〔英〕莱斯莉·阿德金斯、〔英〕罗伊·阿德金斯：《古代罗马社会生活》，张楠、王悦、范秀琳译，商务印书馆2016年版，第239页。

④ 〔英〕约翰·博德曼等编：《牛津古罗马史》，郭小凌等译，北京师范大学出版社2015年版，第427页。

可以说明当时商运发达的情形。

有古罗马史学者指出："在行省处境普遍改善，运输发展，交通道路安全情况增长等的背景上，地方生产的发展使帝国时期意大利与行省的和行省与行省之间的商业大大地活跃起来了。""在这一区域与区域之间的贸易里的商品不单单是奢侈品。""帝国的对外贸易也不次予国内贸易。"①汉王朝各地之间的民间贸易联系在重农抑商行政原则的影响下受到压抑，而"对外贸易"的发达程度尤其逊色。

汉帝国对于商人利用交通条件予以限制。《汉书·高帝纪下》记载，汉高帝八年（前199）春三月，令"贾人勿得衣锦绣绮縠絺纻罽，操兵，乘骑马"。《史记·平准书》："天下已平，高祖乃令贾人不得衣丝乘车，重租税以困辱之。"汉武帝推行"算缗""告缗"制度，对商人的交通能力予以剥夺式打击，《汉书·食货志下》记载："商贾人轺车二算；船五丈以上一算。匿不自占，占不悉，戍边一岁，没入缗钱。有能告者，以其半畀之。"与汉帝国不同，古罗马对于商人似乎没有交通条件方面的歧视性限制。"坎尼一战（539年即前215年）以后不久，通过一个人民法令，禁妇女戴金饰、穿彩衣或乘车"，然而与迦太基结和（559年即前195年）以后，"她们竟能促成此法令的废止。"②

---

① 〔俄〕科瓦略夫：《古代罗马史》，上海书店出版社2007年版，第696页。
② 〔德〕特奥多尔·蒙森：《罗马史》第二册，李稼年译，商务印书馆2017年版，第400页。

5.海洋航行与海盗的发生与除灭

由于阿尔卑斯山、亚平宁山等地理条件的限制，正如有学者所指出的，意大利不能从这些方向得到文明要素，"意大利古代所吸收的外国文化，都由东方的航海民族带来"①。

有学者指出，海上航行是古罗马行政实践的重要条件。"罗马元首派出使团，让他们……穿越风平浪静的海面前往四面八方。"②政令的传达，需要通过海路。而汉帝国主要疆域在大陆，但是秦始皇、汉武帝均非常重视海洋的探索。秦始皇统一天下之后5次出巡，其中4次来到海上。汉武帝又远远超过了这一纪录，一生中至少10次巡行海滨。他最后一次行临东海，已经是68岁的高龄。③

古罗马交通道路的建设注重沿海道路的规划与通行。上文说到"622年即前132年执政官普布利乌斯·波皮利乌斯（Pubulius Popillius）所造自卡普亚至西西里海峡的支线"，据研究者介绍，"在东海岸，迄今只有自法努姆至阿里米努姆作为弗拉米尼路的一段，现在沿海路线向南延长，直至阿奎莱

① 〔德〕特奥多尔·蒙森：《罗马史》第一册，李稼年译，商务印书馆2017年版，第135页。
② 〔英〕约翰·博德曼等编：《牛津古罗马史》，郭小凌等译，北京师范大学出版社2015年版，第427页。
③ 参见王子今：《略论秦始皇的海洋意识》，《光明日报》2012年12月13日；王子今：《秦皇汉武的海上之行》，《中国海洋报》2013年8月28日。

亚，至少由阿里米努姆至哈特里亚一段也是上述波皮利乌斯同年所造。埃特鲁里亚的两条大道—— 一条是沿海路，又名奥勒里路自罗马达庇萨和卢那，建于611年即前123年间……"①秦汉帝国交通建设可以与这种沿海路比较的是并海道。秦始皇、秦二世和汉武帝都曾经循并海道巡行。②并海道有益于海港之间的沟通及近海航行的开拓③，对于沿海区域文化的形成也有积极的作用。就沿海区域控制而言，并海道也有重要的意义。④海上航运得以发展的同时，可见海盗的活跃。有的罗马史论著指出："从可以追溯到的最早的海盗活动开始，海盗便犹如一种挥之不去的顽疾，始终影响着古代的海上航运。""（海盗）严重危及地中海东部的船运安全。这一地区的海岸和通商航行经常遭受海盗袭击。自远古时代起，劫持绑架一直是古代海盗活动的重要形式，海盗通过勒索赎金或将俘虏卖身为奴的方式获得丰厚利润。就这一点而言，罗马的经济发展很大程度上刺激了海盗经济学。""海盗对贸易和运输造成的严重困扰"，"促使元老院决定开展打击海盗的行动。""公元前102年，元老院授予马尔库斯·安东尼厄斯（Marcus Antonius）总督治权（proconsular imperium），目的是让他捣毁

① 〔德〕特奥多尔·蒙森：《罗马史》第三册，李稼年译，商务印书馆2017年版，第395页。
② 参见王子今：《秦汉时代的并海道》，《中国历史地理论丛》1988年第2期。
③ 参见王子今：《秦汉时期的近海航运》，《福建论坛》1991年第5期。
④ 参见王子今：《秦汉帝国执政集团的海洋意识与沿海区域控制》，《白沙历史地理学报》第3期。

西西里和旁非利亚（Pamphylian）沿海的海盗巢穴，肃清海盗在那里的主要据点。这次行动只取得了局部胜利，最多短期内对遏制海盗起到一定作用"，"罗马与米特拉达梯交战期间以及罗马内战时期，海盗乘隙将势力范围由地中海东部向西部扩张，西西里和意大利沿海地区也不免受到海盗舰队的袭击。"海盗活动蔓延到整个地中海地区。"公元前76年，庞培就是在这种形势下加入打击海盗的行动的。""有关授予庞培抗击海盗特别指挥权的法律""获得通过"。[1]"庞培以几乎无限的全权率兵征讨海盗。"[2]他"在整个帝国范围内调动资源"，征调了500艘战船和12万5千名步兵，在海战中获胜，又摧毁了海盗的真正据点。[3]"不久，堡垒和山岳中的海盗大众不再继续这绝望的战争，听命投降。""前67年夏季，即在开战后三个月，商业交通又走入常规。"[4]

记录东汉历史的文献中可以看到"海贼"称谓。如《后汉书·安帝纪》："（永初三年）秋七月，海贼张伯路等寇略缘海九郡。遣侍御史庞雄督州郡兵讨破之。"四年（110）春正月，"海贼张伯路复与勃海、平原剧贼刘文河、周文光等攻

① 〔德〕克劳斯·布林格曼：《罗马共和国史：自建城至奥古斯都时代》，刘智译，华东师范大学出版社2014年版，第270—273页。
② 〔德〕特奥多尔·蒙森：《罗马史》第四册，李稼年译，商务印书馆2017年版，第111页。
③ 参见〔德〕克劳斯·布林格曼：《罗马共和国史：自建城至奥古斯都时代》，刘智译，华东师范大学出版社2014年版，第274页。
④ 〔德〕特奥多尔·蒙森：《罗马史》第四册，李稼年译，商务印书馆2017年版，第110页。

厌次，杀县令。遣御史中丞王宗督青州刺史法雄讨破之。"
《后汉书·法雄传》有关于法雄镇压"海贼"的内容："永初
三年，海贼张伯路等三千余人，冠赤帻，服绛衣，自称'将
军'，寇滨海九郡，杀二千石令长。初，遣侍御史庞雄督州郡
兵击之，伯路等乞降，寻复屯聚。明年，伯路复与平原刘文
河等三百余人称'使者'，攻厌次城，杀长吏，转入高唐，烧
官寺，出系囚，渠帅皆称'将军'，共朝谒伯路。""海贼"的
活动直接冲击"滨海"地区社会治安。

居延汉简中可以看到出现"海贼"字样的简文："书七月
己酉下∨一事丞相所奏临淮海贼∨乐浪辽东 得渠率一人购钱卅
万诏书八月己亥下∨一事大"（33.8）。"购钱卅万"赏格之高，
远远超出其他反政府武装首领"五万""十万"的额度，可知
"海贼"对行政秩序的危害非常严重。由简文"临淮"字样，
可以根据地方行政区划的变化推知这一有关"海贼"史料的
出现，早于《后汉书》的记载。[1]

6.立国形态的比较与交通史异同

钱穆说："凡治史有两端：一曰求其'异'，二曰求其
'同'。"[2]他是指史学的纵向比较。进行横向的比较，也应当

---

[1] 参见王子今、李禹阶：《汉代的"海贼"》，《中国史研究》2010年第1期；王子今：《居延简文"临淮海贼"考》，《考古》2011年第1期。
[2] 钱穆：《国史大纲》（修订本），商务印书馆1996年版，第11页。

"求其'异'"，"求其'同'"。钱穆写道："姑试略言中国史之进展。就政治上言之，秦、汉大一统政府之创建，已为国史辟一奇迹。近人好以罗马帝国与汉代相拟，然二者立国基本精神已不同。罗马乃以一中心而伸展其势力于四围。欧、亚、非三洲之疆土，特为一中心强力所征服而被统治。仅此中心，尚复有贵族、平民之别。一旦此中心上层贵族渐趋腐化，蛮族侵入，如以利刃刺其心窝，而帝国全部，即告瓦解。此罗马立国形态也。秦、汉统一政府，并不以一中心地点之势力，征服四围，实乃由四围之优秀力量，共同参加，以造成一中央。且此四围，亦更无阶级之分。所谓优秀力量者，乃常从社会整体中，自由透露，活泼转换。因此其建国工作，在中央之缔构，而非四围之征服。罗马如于一室中悬巨灯，光耀四壁；秦、汉则室之四周，遍悬诸灯，交射互映；故罗马碎其巨灯，全室即暗，秦、汉则灯不俱坏光不全绝。因此罗马民族震铄于一时，而中国文化则辉映于千古。我中国此种立国规模，乃经我先民数百年惨淡经营，艰难缔构，仅而得之。以近世科学发达，交通便利，美人立国，乃与我差似。如英、法诸邦，则领土虽广，惟以武力贯彻，犹惴惴惧不终日。此皆罗马之遗式，非中国之成规也。"①这样的认识，可以启示我们在比较汉与罗马立国形态时有所深思。

---

① 钱穆：《国史大纲》（修订本），商务印书馆1996年版，第13—14页。

有学者认为，古罗马时代，通过"资本势力"的作用和"商业兴隆"，"罗马始成为地中海各国的京都，意大利成为罗马的市郊"。①"罗马资本家由这些巨大营业所得的全部赢利，终久必总汇于罗马城，因为他们虽然常到海外，却不易定居于海外；他们早晚必归罗马，或把所获的财产换成现钱而在意大利投资，或以罗马为中心，用这种资本和他们既得的联络继续营业。因此，对文明世界的其余部分，罗马在金钱上的确占优势，完全不亚于其在政治和军事上的确占优势。在这方面，罗马对他国的关系略如今日英国对大陆的关系……"②

古罗马的经济生活有颇为先进的形式。"特别在航海和其他大有危险的营业，合股制应用极广，以致实际代替上古所无的保险业。最普通的无过于所谓'航海借款'即近代的'船舶押款'，把海外商业的损失和盈余按比例分配到船只和载运货的所有者以及为这次航行而放款的一切资本家。然而罗马的经济有一条通则：一个人宁愿参加许多投机事业的小股份，而不独营投机业；加图劝资本家勿以资金专配备一只船，而应协同另外四十九个资本家派出五十艘船，收取每艘船的赢利的五十分之一。这样，营业必更趋繁复，罗马商人以其敏捷的努力工作和用奴隶以及解放人的营业制度却能胜

---

① 〔德〕特奥多尔·蒙森：《罗马史》第二册，李稼年译，商务印书馆2017年版，第379页。
② 〔德〕特奥多尔·蒙森：《罗马史》第二册，李稼年译，商务印书馆2017年版，第374页。

繁巨——由纯粹资本家的观点看，这种营业制度远胜于我们的账房制度。""罗马财富的持久性由这一切奠定了基础，其持久性较其宏伟尤堪注意。罗马有个或属举世无双的现象，即大家巨室的状况历数百年殆无改变……"①

与罗马形成鲜明对比的是，汉帝国商人"财富的持久性"不能得到保障。元鼎三年（前114），汉武帝又下令实行"告缗"，鼓励民间相互告发违反"算缗"法令的行为。规定将没收违法商人资产的一半奖励给告发者。于是，在"告缗"运动中，政府没收的财产数以亿计，没收的奴婢成千上万，没收的私有田地，大县数百顷、小县百余顷。中等资产以上的商贾，大多都被告发以致破产。"算缗""告缗"推行之后，政府的府库得到充实，商人受到沉重的打击。②专制主义中央集权制度的空前加强，得到了强有力的经济保障。商人的地位，商业经济的地位，市场的社会作用，汉帝国与罗马帝国的不同，通过比较可以得到清晰的认识。这一差异与交通的关系，也可以发人深省。

---

① 〔德〕特奥多尔·蒙森：《罗马史》第二册，李稼年译，商务印书馆2017年版，第377页。
② 《史记·平准书》："杨可告缗偏天下，中家以上大抵皆遇告。杜周治之，狱少反者。乃分遣御史廷尉正监分曹往，即治郡国缗钱，得民财物以亿计，奴婢以千万数，田大县数百顷，小县百余顷，宅亦如之。于是商贾中家以上大率破，民偷甘食好衣，不事畜藏之产业，而县官有盐铁缗钱之故，用益饶矣。"中华书局1959年版，第1435页。

初版后记

赵瑞民教授在为拙著《秦汉交通史稿》（中共中央党校出版社1994年版）写的一篇书评中，有这样一段话：

在秦汉时期的知识体系中，交通并没有独立的地位。司马迁那号称百科全书式的巨著《史记》，以及班固的《汉书》，都有记载社会生活重要内容的专篇——"书"和"志"，交通非但不能单独成篇，各志书中所涉及到的相关内容也不多。刘向、刘歆父子所编撰的中国第一部目录学著作《七略》，其中也没有交通这一类目，因为那时确实没有这方面的著述。两晋司马彪所撰的《续汉书》创设了《舆服志》，有了记述车辆的内容，与交通史有密切关系，可惜志书的用意是在阐明礼制，虽然罗列了不少车的名目，却反映不出交通运输的真实面貌。不但是秦汉时代，整个中国古代的知识体系中，交通始终没有独立的地位，这从清代一万卷的大类书《古今图书集成》的分类中就可以看。

> 只有《清史稿》创设了《交通志》，那是民国时期所修的史书，记述的内容全是鸦片战争以后的事了。这就使我们能够想象到，搞交通史的研究难度有多么大。[①]

中国古代交通史的研究，中国传统交通形态的研究，确实有缺乏比较集中的资料这样的困难。此外，学界中注意这一专题的研究者相对来说人数不是很多，也使得有志于推进此类研究的人们未能形成较为集中的力量。

不过，已经有许多学者认识到，交通对于历史文化的总体面貌，确实表现出极其重要的作用。

李学勤先生曾经指出："交通史一般被认为是经济史的组成部分，近年出版的各种书目都是这样分类的。实际上交通史作为一个学科分支，牵涉的方面很广，不止与经济的种种内涵，如农业、工业、贸易、赋税等息息相关，和国家政治的组织、文化的传播、民族的关系、对外的交往，也无不有着相当密切的联系，所以对交通史的探讨会对整个历史文化研究起重要的推进作用。"[②]

至于交通形态对民族心理，对民族精神，以及对民族性

---

① 赵瑞民：《采铜于山，熔铸新篇——读〈秦汉交通史稿〉》，《中国书评》总第3期。
② 李学勤：《〈秦汉交通史稿〉序》，王子今：《秦汉交通史稿》，中共中央党校出版社1994年版；《秦汉交通史稿》增订版，中国人民大学出版社2013年版（当代中国人文大系）；《秦汉交通史稿》，社会科学文献出版社2020年版（社科文献学术文库·文史哲研究系列）。

格的影响，也逐渐引起人们的重视。

本书的写作，就是希望从这一角度进行必要的分析，以求对于中国传统文化若干特质的认识和理解能够有所深入。

由于学力的限制，本书的疏误必然难免。此次改定，仍然因时间的仓促，自知未能一一弥补纠正。因此热诚期望得到批评指正！

本书出版，得到东方出版社方鸣、刘丽华，以及敦煌文艺出版社谢昌余、邓争旗诸位先生的鼓励和帮助，谨此深致谢忱！

王子今

1995年9月18日

于北京大有庄100号

新版后记

　　《跛足帝国：中国传统交通文化研究》可能是我写的第一本书。起初列入20世纪80年代中期"蓦然回首"丛书中，初题"坠灭的风火轮"。因为有一些关于中国古代交通史的学术思考，本书拟从交通文化的视角回顾历史，发现问题，有所分析。后来因故未能面世，主要原因是这套丛书的出版中止。差不多近十年之后，承方鸣等朋友推荐，1996年3月加入"当代思想者文库"的"五色石书系"，由敦煌文艺出版社推出。此次得天津人民出版社几位年轻的出版家垂爱，计划列入"长城砖"系列面世。这是应当深心感谢的。

　　原书依据手稿排印，这次新版，据天津人民出版社制作的电子版，改正了一些原书的疏误，其中包括严重的硬伤。亦按照要求，引用马克思主义经典作家的论著，根据新的译本核正。除了正文中增加了一点内容之外，又在书后补入与本书主题密切相关的两篇拙文，即附论一："中国古代交通法规的'贱避贵'原则"和附论二："汉与罗马：交通建设与帝国行政"。前者初刊于《中国古代法律文献研究》第7辑（社会科学文献出版社2013年版），后者初刊于《武汉大学学报（哲学社会科学版）》2018年第6期。其实，与附论一内容接近者，还有一篇拙文《中国古代的路权问题》，刊于《文景》总66期（2010年6月），写作时间稍早，更为浅陋一些。作为"附论"内容的选定，是因为讨论的主题与"中国传统交通文化"紧密相关的缘故。

前些天整理以往论著目录，注意到有关中国古代交通史或者中国古代交通文化的拙著，已经有十数种。也可以说，在个人学术收获中，以交通史为主题者，占据了相当大的比例。除了放在我们面前的这本书以外，还有《中国古代交通文化》（1990）、《交通与古代社会》（1993）、《秦汉交通史稿》（1994、2013、2020）、《门祭与门神崇拜》（1996）、《中国古代交通》（1996）、《中国古代行旅生活》（1996、1998）、《驿道驿站史话》（《驿道史话》2000、2011）、《邮传万里：驿站与邮递》（2004、2008）、《秦汉交通史新识》（2015）、《中国蜀道·历史沿革》（2015）、《秦汉交通考古》（2015）、《战国秦汉交通格局与区域行政》（2015）、《中国古代交通文化论丛》（2015）、《秦始皇直道考察与研究》（2018）、《芝车龙马：秦汉交通文化考察》（2020）、《秦交通史》（2021）、《汉代丝绸之路文化史》（2023）、《先秦两汉时期：早期海上丝绸之路》（2024），以及学术随笔集《天马来：早期丝路交通》（2023）等。可以说，步伐似乎没有停歇。但是认真回想，学术盲点多多、学术误识多多。这里愿意向年轻的朋友们提一个建议，在这个学术方向，拓展的学术空间很大；就这一学术方向的持续努力，也是很有意义的。

对照初版原书时发现，"祖道风习源流"一节中，两处"刘屈氂"的"氂"字敦煌文艺出版社1996年3月版均漏排，而天津人民出版社提供的电子版"识别稿"都已经细心补上。就是说，编辑在寄下这一"识别稿"时，已经做了认真的前期工作。而"刘屈氂"没有如有些出版物那样误作"刘屈牦"，也透露出可靠的学术资质。

谨此感谢天津人民出版社的朋友们。

也向在各方面给我诸多帮助的青年学者王泽致谢。

王子今

2024年10月10日

于北京大有北里

长城砖

垒书为城 故史惟新

总策划

沈海涛

编辑团队

金晓芸 燕文青
郭聪颖 郭金梦

装帧设计

图文游击工作室
汤 磊

新媒体专员

朱书睿

发行统筹

沈会祥 张 凯
乔 悦 李 鹏

印制统筹

王 静

营销专员

秦 臻